Les mots qui disent la philanthropie

sous la direction de
Perrine Simon-Nahum, Arthur Gautier,
Isabelle Gougenheim, Laurence Lepetit,
Paule-Henriette Lévy, Brigitte Rozen

Les mots qui disent la philanthropie

Odile
Jacob

Les sommes et droits générés par les ventes de ce livre seront versés à l'École de la générosité.

L'École de la générosité. Depuis onze ans, l'École de la générosité œuvre au quotidien pour sensibiliser les jeunes aux grands enjeux de société, développer leur empathie et leur esprit critique et les inciter à mener des actions philanthropiques et solidaires. Agréée par le rectorat de Paris, elle a sensibilisé près de 20 000 enfants de 8 à 11 ans à l'engagement en faveur de l'intérêt général. Dotée d'une plateforme pédagogique, elle propose aux enseignants une formation et des outils pédagogiques leur permettant de travailler aussi bien l'éducation morale et civique que l'expression orale et écrite, ou encore l'éducation aux médias. Elle leur permet également d'entrer en contact avec des associations locales ou nationales qui deviennent bénéficiaires des projets solidaires menés par les enfants. La démarche, fondée sur une pédagogie de projet, permet aux enfants d'être acteurs de leurs apprentissages. En accompagnant le développement des compétences psychosociales (écoute, coopération, confiance en soi…), ce programme favorise le goût d'apprendre et contribue à l'amélioration du climat scolaire.

Ouvrage publié avec le soutien de la Fondation du Judaïsme Français.

« La Fondation du Judaïsme Français, reconnue d'utilité publique, œuvre dans le domaine de la culture, de l'éducation et du social. Il lui importe de soutenir la mise en valeur de toutes les actions philanthropiques au service de l'intérêt général »

Ariel Goldmann,
Président de la Fondation du Judaïsme Français

Coordination : Jessica Kalifa

*

3, rue Auguste-Comte, 75006 Paris

www.odilejacob.fr

ISBN : 978-2-4150-0885-7

AVANT-PROPOS

La philanthropie a aujourd'hui gagné tous les secteurs de la vie en société. Elle n'est plus cantonnée à l'action de quelques-uns, particulièrement fortunés et désireux d'assumer un rôle social. Chacun de nous expérimente au moins un moment de philanthropie dans sa vie, un moment où il décide de donner de son temps, de son attention, ou de s'investir dans une cause à laquelle il croit et qui lui tient à cœur. Il peut s'agir de la santé, de l'éducation, de la culture, du social en son acception la plus large.

C'est à ceux-là, donc à nous, que ce livre s'adresse. Il pense la mutation du monde actuel autour de l'engagement. Il nous montre que la philanthropie, c'est nous. En apprenant à la voir comme ce qu'elle est – une part essentielle de nos vies, ce qui leur donne sens –, il éclaire le monde qui vient.

C'est cette diversité, cette richesse, qu'illustre le choix des mots d'*altruisme* à *zakat* et des contributeurs désignés pour les définir.

Ainsi, cet ouvrage met en scène cette intelligence collective : la philanthropie comme audace de notre époque.

« Comprendre le monde et agir », telle est la devise des acteurs de la philanthropie française qui ont pour seul credo : l'intérêt général.

La philanthropie est l'affaire de tous. Pour tous.

Perrine SIMON-NAHUM,
directrice du département de philosophie
à l'École normale supérieure.

A

Altruisme

▪ Perrine SIMON-NAHUM
Directrice de recherches au CNRS,
directrice du département de philosophie
à l'École normale supérieure

L'altruisme est un problème philosophique autant que l'un des sentiments qui fondent l'action philanthropique. Il est d'ailleurs frappant de constater qu'au moment où les besoins matériels et humains se font de plus en plus sentir, sans doute en raison de l'éclatement des communautés traditionnelles puis de la sortie des sociabilités héritées du XXe siècle, l'altruisme se décline sous diverses formes que sont le soin, le *care*, la relation ou le don.

Alors que la charité ou la générosité remontent à la nuit des temps, « altruisme » est un mot d'invention récente. Introduit par Auguste Comte dans son *Catéchisme positiviste*, il désigne et accompagne la mutation de la solidarité, contemporaine de l'avènement des sociétés modernes et de leur organisation industrielle. Au même moment, Darwin y voit la possibilité d'une dérogation à la loi sur l'évolution des espèces. Durkheim dans ses *Règles de la méthode sociologique* met face à face altruisme et égoïsme comme deux modes « de faire, de penser et de sentir », et son neveu Marcel Mauss, déplaçant son regard vers les sociétés premières, s'intéresse au couple échange-don dans son fameux *Essai sur le don* (1925). Un siècle plus tard, le prix Nobel d'économie, Gary Becker, le place au cœur de sa théorie. L'altruisme s'identifie alors à la prise en compte de l'utilité de l'autre considérée dans le temps, sans tout à fait occulter ce qui le rattache à la morale. Ainsi John Rawls peut-il parler d'« altruisme équitable » lorsque Peter Singer s'interroge aujourd'hui sur l'« altruisme efficace », devenu désormais un mouvement social. On le voit : depuis le début du XIXe siècle, l'altruisme ne cesse de faire signe vers les éléments d'une philanthropie sociale.

L'altruisme se définit comme le don de soi-même sans qu'aucune contrepartie vienne y répondre. Il existe une très vaste littérature sur ses motivations et les formes comportementales qu'il détermine, depuis la biologie qui met en lumière le rôle de l'ocytocine ou de la vasopressine, deux hormones qui expliqueraient les comportements tournés vers l'autre, jusqu'à la psychologie comportementaliste qui cherche à qualifier les motivations conduisant les actions humaines. L'altruisme est aussi souvent envisagé dans le cadre des relations familiales et intergénérationnelles.

S'il continue d'interroger, c'est bien que l'altruisme fait d'abord signe à cette notion de l'autre, dont le philosophe Jacques Derrida écrivait qu'il est « le désordre même de la conceptualité[1] ». À travers l'altruisme, c'est la figure de l'autre que nous accueillons dans les différences qui nous en séparent. Pourtant, contrairement à une notion comme l'empathie ou l'oubli de soi que l'on trouve chez les mystiques, l'altruisme n'ignore jamais l'autre partie du couple, le moi, quand bien

1. Jacques Derrida, *L'Écriture et la Différence*, Points, p. 154.

même celui-ci choisirait d'aller jusqu'au sacrifice de sa vie comme l'a montré pendant la Seconde Guerre mondiale le choix des Justes. Ce que nous dit l'altruisme, c'est non seulement qu'une société est faite de relations, mais que celles-ci passent par l'interaction entre au moins deux individus, mettant en regard la représentation qu'ils ont du monde et le projet qu'ils font de leur vie.

Souvent désigné comme un acte désintéressé, le véritable altruisme ne cache pas que l'équilibre est difficile à atteindre et que le secours apporté, l'aide procurée, induisent des positions asymétriques. Il faut néanmoins le conserver à l'esprit comme une idée régulatrice qui fixe à l'humanité les formes d'un accomplissement possible.

Amis

▪ Anne Monier
Chercheuse à la chaire philanthropie de l'ESSEC

Le 26 mai 1897 fut constituée officiellement à Paris la Société des amis du Louvre avec pour objectif de « mettre en œuvre l'idée féconde d'appeler le public à contribuer à l'enrichissement du musée ». La Société, reconnue d'utilité publique l'année suivante, a depuis offert au Louvre plus de sept cents œuvres d'art. Entre 1870 et 1914, la moitié des objets qui entrent dans les collections du musée proviennent de donateurs privés[1].

On observe ainsi aux XIXe et XXe siècles, dans différentes capitales européennes, l'émergence de ces associations

1. Source : site Internet des Amis du Louvre – consulté le 15 septembre 2023.

philanthropiques d'un genre nouveau, motivées par un attachement individuel ou collectif à une institution qu'il s'agit d'aider, en enrichissant ses collections et en soutenant ses activités[1]. Ce mouvement reflète un lien nouveau qui se crée entre les institutions culturelles et leur public. Le mot « ami » fait généralement référence à une personne physique, « objet d'un attachement privilégié[2] ». Que signifie alors un attachement à une institution ? Peut-on parler de réciprocité dans l'amitié, comme entre deux personnes ? Quels sont les caractéristiques et les enjeux de cette forme d'amitié ?

Les « sociétés d'amis » ont été relativement peu étudiées. Cependant, plusieurs approches ont tenté d'y répondre : la perspective historique rapproche ces structures des sociétés savantes et de leur rôle dans la valorisation du patrimoine et des musées ; l'entrée sociologique, en s'inscrivant dans la perspective bourdieusienne, étudie de manière détaillée leur composition sociale ; l'approche « muséale » les analyse au regard d'évolutions majeures comme la modernisation ou la quête de démocratisation des musées ; enfin, une perspective plus politique et institutionnelle étudie les rapports entre la forme associative et les pouvoirs publics[3].

Les sociétés d'amis ont évolué dans le temps. Si les premières concernaient surtout les musées, l'essor important de

---

1. Julie Verlaine, « Ce que le musée fait à ses "amis" : muséophilie et attachements patrimoniaux autour de 1900 », in Dominique Poulot (dir.), *L'Effet musée : objets, pratiques et cultures*, Éditions de la Sorbonne, 2022.
2. Source : site Internet du Trésor de la langue française – consulté le 18 septembre 2023.
3. Céline Thévenard-Nguyen, *Les Associations d'amis de musées, leur position et leur engagement dans l'espace public. Une approche institutionnelle et communicationnelle des associations d'amis de musées en Rhône-Alpes* (thèse de doctorat de l'université d'Avignon et des pays de Vaucluse, le 4 octobre 2002), in *Culture et musées*, 2003, n° 2, Musées et organisation (sous la direction de Catherine Ballé), p. 177-183.

la philanthropie dans les années 1980 puis 2000 s'accompagne d'une multiplication des sociétés, dans leur version transnationale (amis américains, chinois, japonais, etc.), mais aussi pour d'autres institutions culturelles (opéras, théâtres, etc.) et même au-delà de la culture (instituts de recherche, universités, hôpitaux, etc.).

La philanthropie des « amis » est singulière : individuelle, rattachée à une institution précise, elle permet de développer une forme de sociabilité autour d'un même objet, tout en offrant flexibilité et souplesse à l'institution. Alors que ces sociétés ont longtemps été des associations plutôt ouvertes et démocratiques, la version transnationale est souvent plus élitaire, offrant aux mécènes américains un rôle important au sein d'institutions culturelles et publiques fragilisées, en quête de ressources financières. Ces Sociétés sont-elles encore des Amis qui leur veulent du bien ? Ou, au contraire, une force qui met en tension les équilibres sociaux et politiques qui régissaient jusqu'ici les institutions publiques et l'intérêt général ?

Amitié

« L'amitié est une âme en deux corps. » Aristote

■ Michèle Fitoussi
Journaliste et écrivaine

Qu'est-ce que l'amitié sinon une philanthropie intime ? Surtout si l'on s'en tient à la définition générale de la philanthropie, qui désigne une attitude et des actions de bienveillance désintéressées envers la société. Il suffit juste de remplacer

« société » par « ami ». Tous les philanthropes ne sont pas des amis mais tous les amis, les vrais s'entend, sont des petits philanthropes. Les premiers qui souhaitent le bonheur du genre humain lui offrent leur soutien, leurs compétences, leur argent, leur engagement. Les seconds qui souhaitent le bonheur de leurs alter ego font de même à leur petite échelle. Et s'ajoutent à cela l'affection, l'empathie, le réconfort, ce que les philanthropes ne sont pas forcément tenus de faire. Si j'ai besoin qu'on me tienne la main, Bill Gates ou Warren Buffett ne me seront d'aucune utilité, en revanche, ma meilleure amie (ou mon meilleur ami) répondra présent(e). En principe. Si je préfère évidemment les seconds pour veiller à mon bien-être, j'avoue que les premiers sont indispensables à celui de l'humanité. Qu'ils la font avancer, progresser, à condition qu'ils soient honnêtes. Du reste, s'il me fallait choisir entre les deux, je ne choisirais pas. « Amitié » et « philanthropie » sont deux mots qui vont très bien ensemble, deux mots qui se complètent, deux mots enfin qui, employés à bon escient, devraient nous rendre meilleurs et la planète avec.

Anonymat

« L'anonymat garantit l'honnêteté. » John Irving

On dit souvent que les philanthropes ont la générosité trop voyante. Je ne sais pas ce que veut dire « les philanthropes », tant tous sont différents. Les philanthropes « voyants », comme les célébrités, sont une petite poignée à travers le monde, sans grande surprise, à la tête des plus grandes fortunes. Les projecteurs ont alors beau jeu de se focaliser sur eux. Cette mise en lumière cache une autre réalité, qui est que la philanthropie est avant tout un *way of life* ! La défiscalisation a sans doute permis d'en « collecter » plus, mais a en même temps faussé la donne, floué le sens.

Mes grands-parents ne donnaient pas pour payer moins d'impôts – ils en payaient beaucoup pourtant. Ils donnaient parce que, dans leur éducation, dans leurs valeurs, le partage des richesses était un point fondamental et structurant. Nous savions qu'ils redistribuaient des sommes importantes. Nous étions, enfants et petits-enfants, les seuls à le savoir. Mes parents ont suivi ce chemin, moi aussi. Je n'ai aucun doute sur le fait que mes enfants font de même. Ne pas vouloir dire que l'on aide de manière significative telle ou telle association, ce n'est pas vouloir se « cacher », c'est savoir que jamais personne n'aura le sentiment de vous « devoir » quoi que ce soit. La philanthropie me permet de participer à la justice du monde. J'écris « me permet » car je le vis comme un immense privilège. Je suis toujours ému lorsque dans de grandes manifestations philanthropiques populaires des dons de 10 euros ou moins sont faits, personne ne s'intéresse à celui ou celle qui a donné 10 euros, sauf à raconter une histoire pour faire pleurer dans les chaumières. Il y a pourtant des centaines, des milliers de dons inférieurs à 10 euros. Ils sont pour moi l'essence même de ce qu'est « la philanthropie » : la conscience de l'autre.

Parce qu'il nous l'a demandé, nous avons garanti à l'auteur de ce texte l'anonymat !

Argent

« Le seul intérêt de l'argent est son emploi. » Benjamin FRANKLIN

■ Marc FIORENTINO
Président d'EuroLand Corporate

L'argent métal, l'argent papier, l'argent numérique. L'argent source de fantasmes, de conflits, de drames, mais aussi d'espoir. Chacun en a sa propre définition. Et chacun peut, tout à loisir, l'associer à une expression : « L'argent ne fait pas le bonheur » ; « Le temps, c'est de l'argent » ; « L'argent n'a pas d'odeur ». Il peut être parole si le silence est d'or, se jeter par les fenêtres ou au contraire s'économiser s'il est de poche… L'argent peut rendre fou celui qui le possède, celui qui cherche à le posséder et celui qu'il ne le possédera jamais !

« L'argent, l'argent, tout s'achète et tout se vend », chantait Gilbert Bécaud dans « L'addition ». « Tout », vous avez dit « tout » ? L'argent ne servirait donc qu'à acheter ou qu'à vendre ? Il transformerait tout rapport en rapport d'argent ?

Retour aux sources : la Bible loue l'abondance et la force qui permet de gagner de l'argent. Cependant elle met aussi en garde contre la convoitise, l'obsession, contre la place prépondérante que l'argent pourrait occuper au détriment de l'étude, de la foi, de la justice ou encore de l'amour. La Bible prône un rapport équilibré à l'argent. Dès lors sa définition économique me semble la plus pertinente – cela ne surprendra personne venant de la part d'un spécialiste de l'économie et des marchés financiers.

Cette définition simple dit tout : « L'argent est un moyen d'échanges. » Un « moyen ». Le choix du mot est essentiel, il vaut son pesant d'or, ou d'argent. Un « moyen » n'est pas une fin en soi : c'est une porte ouverte, une fenêtre d'opportunité, la possibilité offerte de pouvoir, à sa mesure, changer un peu le cours du monde. Et en choisissant d'aider, de soutenir, d'encourager une personne, une association, une cause, on change un peu le cours du monde. On le rend meilleur, plus juste parfois.

Si on étend un peu cette définition économique : l'argent est un moyen d'échange de biens et de services. *Échange. Biens. Services.*

Échange. Pas simplement pour commercer. Pas simplement pour acheter ou pour vendre, ni pour gagner encore plus d'argent. Non. Pour créer un lien. Direct ou anonyme. Je donne, donc j'échange. J'échange, donc j'existe. Je donne, donc j'existe. L'argent comme moyen d'exister dans l'échange et le partage.

Biens. Faire le Bien par le bien… Parce que cela fait partie de notre ADN, de notre éducation, de notre responsabilité. L'universalité n'est pas ailleurs. Faire en sorte que par le seul fait de notre humanité nous ayons les mêmes droits ; les mêmes devoirs aussi.

Services. Rendre service. Accomplir un geste désintéressé moins par devoir que par plaisir, parce que ça rend heureux de rendre heureux.

Échange. Biens. Services : pour moi, c'est le tiercé gagnant de la philanthropie.

Association

▪ Arthur GAUTIER
Professeur titulaire de la chaire philanthropie de l'ESSEC

L'association, c'est la réunion de plusieurs personnes qui se rejoignent dans un but commun, pour participer ensemble à une action collective. Dans nos imaginaires, ce beau mot est synonyme de liberté, comme lorsque nous faisons des « associations d'idées ». L'association est aussi une forme d'organisation concrète dans les sociétés humaines, fruit d'un long combat démocratique, où elle joue un rôle majeur dans la vie sociale et économique.

En France, on dénombre 1,37 million d'associations et il s'en crée 70 000 par an. Elles rassemblent 22 millions de bénévoles et 1,8 million de salariés, pour un budget cumulé de 124 milliards d'euros, soit 4 % du produit intérieur brut. Elles interviennent dans de nombreux domaines, à commencer par le sport, la culture et les loisirs, mais aussi l'action sociale, la santé, l'humanitaire et la défense des droits et des causes. Elles fournissent les plus grands effectifs de l'économie sociale et solidaire, qui pèse plus de 10 % de l'emploi en France et incarne une forme de gouvernance démocratique avec le principe « une personne, une voix ».

L'association, dans la loi française, est « la convention par laquelle deux ou plusieurs personnes mettent en commun, d'une façon permanente, leurs connaissances ou leur activité dans un but autre que de partager des bénéfices » (loi du 1er juillet 1901). Derrière cette définition simple se cache un incroyable foisonnement de structures et de projets. Quoi de commun entre la Croix-Rouge et ses 18 000 salariés et un club de pétanque local ? Entre un Ehpad et un collectif de militants écologistes ? Au moins deux choses : l'absence de but lucratif (les membres ne peuvent se partager les bénéfices de l'activité commune) et la grande liberté de créer, rejoindre ou quitter une association.

Pour obtenir la capacité juridique, une association doit être rendue publique et déclarée, au risque d'être une simple association de fait (comme le sont les « associations de malfaiteurs » !). Si elles respectent strictement certaines conditions, les associations peuvent se voir reconnaître un caractère d'intérêt général ou d'utilité publique par l'État, ce qui leur confère des avantages, notamment fiscaux. Mais certaines sont de simples clubs qui rendent des services à leurs membres, moyennant une cotisation, par exemple pour la pratique sportive. Les ressources associatives sont hybrides : en moyenne, 66 % de revenus d'activité, 22 % de subventions publiques, 7 % de cotisations et 5 % de dons. Mais ces moyennes cachent mal d'énormes écarts d'une structure à l'autre. Une association gestionnaire d'un centre social sera majoritairement financée par des fonds publics quand une association militant pour les droits humains vivra principalement de dons et de bénévolats.

Le monde associatif est hétérogène. Un rapide détour par l'histoire permet de mieux comprendre pourquoi. On peut identifier deux racines aux associations d'aujourd'hui. Une première, caritative, prend sa source dans les œuvres de charité du Moyen Âge, où les congrégations religieuses géraient les premiers hôpitaux, hospices et orphelinats. Les « associés » rendent ici service à des bénéficiaires dans le besoin, avec l'aide de donateurs. Une seconde, mutuelle, permet la solidarité au sein d'un groupe tel qu'une profession, comme le furent les confréries. Ici, les associés sont les bénéficiaires : ils s'entraident, s'assurent, défendent leurs droits. L'histoire est traversée par ces deux traditions distinctes. La première, philanthropique, a aussi engendré les fondations et la seconde, marquée par la solidarité, a donné les mutuelles, coopératives et syndicats au XIXe siècle.

Les associations parviennent néanmoins à se fédérer et à parler d'une seule voix quand il faut se défendre et affronter des enjeux communs. De tout temps, États et associations ont entretenu des relations très fortes et, selon les époques, tantôt conflictuelles, tantôt partenariales. Interdites, limitées, contrôlées, voire dissoutes car susceptibles de troubler l'ordre public, elles représentent un contre-pouvoir qui dérange l'État dans ses formes autoritaires. Encouragées, agrémentées, subventionnées et partenaires dans la gestion de services publics, elles sont un auxiliaire utile de l'État dans les démocraties libérales, au risque d'être instrumentalisées ou de perdre leur capacité de contestation.

Tout n'est pas idyllique pour les associations : l'emploi peut y être précaire, les bénévoles vieillissent, la loi se complexifie, les subventions se tarissent, la marchandisation et la concurrence avec les entreprises lucratives augmentent, la confiance des donateurs n'est jamais acquise… Néanmoins, l'association demeure un admirable espace de liberté et d'engagement pour bâtir un monde plus solidaire et plus juste. Dans son manifeste, le Mouvement associatif résume bien les trois grandes contributions de l'association à nos sociétés : renforcer le lien social, humaniser l'économie et réveiller la démocratie. Associons-nous à ce beau projet !

Audace

▪ Maurice Lévy
Président du conseil de Publicis Groupe

Il est curieux de parler d'audace lorsqu'il s'agit de donner. C'est généralement un élan de cœur, un réflexe, un geste éventuellement, le résultat d'une réflexion, voire d'un calcul fiscal. Où y aurait-il de l'audace ?

Apparemment non, elle se situera plutôt du côté des solliciteurs. Oser n'est pas facile.

Et pourtant, donner n'est pas toujours évident.

Aller vers l'autre, adopter une cause, ou tout simplement s'arrêter dans la rue pour mettre une pièce suppose de surmonter une gêne, une appréhension. Plus encore lorsqu'il s'agit d'un engagement qui nécessite de donner du temps, de partager, d'être en empathie avec l'autre, une cause, un drame.

Est-ce que cette compassion, cette empathie sera comprise ? Qui suis-je pour y participer ? Oui, je veux y participer, mais que penseront les gens ? N'y verraient-ils pas une façon de me mettre en avant ?

Et tant d'autres questions qui retiennent un geste, un chèque.

Parfois, c'est une autre forme de frein moins avouable, celle de n'avoir simplement pas le goût, pas envie de donner ni temps, ni argent, ni affection. Rien. Sec. L'avarice en tout est difficilement surmontable.

Mais quel que soit le frein, autre que l'avarice, il doit être possible de le dépasser avec un peu d'audace. Audace de surmonter sa propre gêne, ses hésitations, ses faux-semblants, audace de dépasser son égoïsme, ses craintes… sa timidité.

Audace d'aller vers l'autre, de partager un peu de soi, de son temps, de son bien.

Audace de donner. Va-t-on me juger ? Est-ce trop peu ? Non, ce n'est pas trop peu. Encore que l'on sait que les problèmes du monde sont tels qu'on ne donnera jamais assez.

Oui, il faut l'audace de faire immédiatement, de toute urgence, le geste qui aide ; il faut l'audace de rejeter cette voix intérieure qui vous retient ou ce deuxième vous-même qui vous pousse à l'égoïsme, en chacun de soi.

Et tout comme l'avenir sourit aux audacieux, vous éprouverez une jolie satisfaction à donner, à participer.

Presque un moment de bonheur.

■ **Nils Pedersen**
Président de La Fonda

Il en aura fallu de l'audace pour pousser la philanthropie dans un pays où l'État est roi. Si le XIXe siècle a connu la création de quelques grandes et belles fondations, la France d'après-guerre sera marquée par l'État providence qui fera de l'intérêt général sa chasse gardée, dans la droite ligne de « l'État, c'est moi » que l'on prête à Louis XIV. Si nous pouvons nous réjouir de la volonté de la puissance publique de vouloir agir dans l'intérêt de tous, ne serait-ce pas pour autant passer sous silence que l'État émane d'abord de la volonté du peuple et non l'inverse ?

Après une prise de conscience de plusieurs décennies pour sortir de la seule logique des subventions publiques, la puissance publique pousse sur les fonts baptismaux la Fondation de France (1969) puis les fondations d'entreprises (1990). Elle aura également répondu, deux ans auparavant, à l'audace d'un Coluche qui lançait Les Restos du Cœur en s'appuyant sur le mécénat populaire, avec la complicité de La Fonda. Au cours des années 2000 émerge l'idée que « l'État ne peut pas tout » avant que ce dernier ne souhaite libérer « l'initiative pour encourager et impliquer dans notre vie sociale tous les acteurs de la société civile » (loi Aillagon).

Avec plus de 1,37 million d'associations à ce jour, les causes à soutenir ne manquent pas. La philanthropie permet de financer des milliers d'initiatives, partout en France et dans le monde. C'est cela, aussi, le panache de la France : agir de manière universelle ! Le mécénat désormais pleinement reconnu comme levier de financement, ce sont aussi des milliers de projets – bien souvent sous les radars – qui ont pris vie, permettant à nos concitoyens de mener des initiatives remarquables, partout dans les territoires et au plus près de leurs besoins.

Cet engagement populaire agit comme le fil de notre solidarité nationale et incarne la diversité de notre nation. Aussi la philanthropie permet-elle le meilleur... comme parfois le plus banal. En effet, si elle est amenée à se diluer dans l'action publique ou se présenter sous le seul angle de la fiscalité, ne serait-ce pas là un acte bien terne et quelconque qui ne se montrerait pas à la hauteur de sa puissance transformatrice ?

Car oui, la philanthropie, c'est aussi accompagner les idées les plus iconoclastes à éclore, c'est oser prendre tous les risques pour s'aventurer sur le chemin de l'inconnu. C'est s'affranchir du court terme pour regarder au-delà de l'horizon et s'extraire de la communication, pour la seule satisfaction d'accompagner des actions dont l'impact ne sera pas immédiat. La générosité n'est-elle pas synonyme d'altruisme ? Pourquoi par ailleurs chercher à singer des pratiques issues du privé et à contrôler des initiatives portées par d'autres ? Aider les plus faibles et les plus fragiles, protéger l'environnement, innover dans le champ de la santé, rendre la culture accessible à tous, investir dans la démocratie et la fraternité ne sont-ils pas les marqueurs de l'audace ? C'est pourquoi, partager les connaissances, mettre en commun, faire ensemble, ne devraient pas être de gros mots !

Dans nos sociétés qui se fragmentent à vue d'œil, dans lesquelles les crispations identitaires constellent le débat public, l'altérité et la pluralité sont désormais des valeurs en perdition. Faire confiance à l'autre devient de fait la figure des nouvelles frontières de l'audace pour permettre, plus que jamais, d'encourager chacun à s'émanciper, dans une approche systémique qui reviendrait aux racines mêmes de la philanthropie !

Autrui

« Le moi devant autrui est infiniment responsable. »
Emmanuel Levinas

▪ Didier Leschi
Directeur général de l'Office français de l'immigration et de l'intégration

L'un des enjeux de notre époque est celui de l'accueil d'autrui. En particulier de ceux qui par nécessité, victimes du chaos du monde, s'échouent dans nos rues. C'est un fait. Certains viennent de plus en plus loin. D'autres étaient jusqu'à peu des voisins invisibles, loin de notre regard social. Ils sont des naufragés. Par accident ou par chagrin. L'un accompagnant souvent l'autre. C'est en se cognant à eux que notre focale a changé.

Qui est cet autrui qui a attiré notre émotion ?

Le dictionnaire nous dit qu'« autrui » ne s'écrit qu'au singulier. Notre grammaire lui confère donc le statut d'indéterminé singulier. Or la réalité du monde est constituée d'autrui aux visages multiples qu'il faut appréhender dans ses diversités. Cela rend le devoir d'accueil complexe. On peut n'accueillir qu'un seul, il ne s'agirait alors que d'une philanthropie limitée. Certes, dans ces conditions, autrui aurait vite un nom, une singularité reconnue pour un rapport exclusif. Une facilité qui limiterait la philanthropie à un parrainage d'élection.

L'autrui qui vit bien ne nous intéresse que modérément.

L'autrui qui nous préoccupe d'habitude ne parle souvent pas notre langue. Notre culture lui échappe à maints égards, sans doute une question d'accoutumance. Notre autrui cherche à être accepté autant qu'à être accueilli. Mais, il n'a pas toujours l'idée de tout l'effort qu'il lui faudra faire. Il le pressent. Autrui a un intérieur aussi souffrant que le suggère bien souvent son aspect extérieur. Il peut avoir la volonté de celui qui se tient droit, propre. Il veut résister à l'air mauvais du temps, à la pluie comme au vent. Autrui espère un paradis sans pénitence. Il a du courage pour suppléer une assurance perdue.

Par humanisme, nous l'accueillons comme un de ces multiples inconnus qui ont peur de nos procédures. Ils manquent de l'essentiel.

Les agents publics, qui ne sont pas sans cœur, les salariés associatifs, comme les bénévoles, les philanthropes savent bien que chaque autrui a une histoire, des capacités, une situation matérielle concrète, présente. Il faut en tenir compte. Il y a des femmes, des enfants, des hommes, plus ou moins fatigués, plus ou moins martyrisés. Il a besoin de mettre en œuvre ses droits, plus que d'aumône. Autrui n'est pas nécessairement un étranger, il peut être un naufragé qui a toujours été d'ici, un clochard social. En un mot, autrui est le casse-tête de la philanthropie. Mais, elle doit demeurer pour lui un accès aux droits.

Celui qui donne, de son temps, de l'argent, qu'il le veuille ou non, s'enrichit aux dépens de celui qui reçoit, pourrait nous enseigner la fable. C'est un peu le paradoxe éthique de Levinas. Appliqué à la philanthropie, l'altruisme oblige à ce qu'une distance demeure. L'esprit des dames patronnesses du XIXe siècle est condescendant. Être responsable de l'autre n'est pas être condescendant. Ce serait mépris. Maintenir la distance, c'est avoir la délicatesse de ne pas mettre mal à l'aise celui qui a besoin de votre philanthropie. Être un bon philanthrope vis-à-vis d'autrui demande plus de richesse émotive que de monnaie sonnante et trébuchante. La philanthropie comme geste envers notre commune humanité nécessite bien une autre focale pour être vraie.

Avenir

■ Yannick Blanc
Vice-président de La Fonda et président de Futuribles

Toute fondation est un pari sur l'avenir. Pari conservateur (conserver, commémorer, entretenir, restaurer, perpétuer) ou pari transformateur (développer, promouvoir, encourager, soutenir, accompagner). La place majeure occupée par la recherche et l'éducation dans les œuvres philanthropiques témoigne d'une relation étroite entre le projet philanthropique et le souci de l'avenir. Relation diamétralement opposée à celle de l'investisseur : ce dernier parie aussi, mais son horizon, spéculatif ou entrepreneurial, est celui du retour sur investissement.

Le philanthrope, moins désintéressé qu'il ne le croit, espère plutôt n'être ni exclu de ceux qui décident de l'avenir, ni oublié lorsque le moment sera venu de mesurer le chemin parcouru. Dans la saga de science-fiction d'Isaac Asimov, *Le Cycle de Fondation*, le héros, Hari Seldon, est un savant capable de prédire l'avenir grâce aux mathématiques. Prévoyant un effondrement de l'Empire galactique qui va s'étaler sur plusieurs millénaires, il crée la première Fondation non pour éviter l'effondrement, mais pour raccourcir celui-ci de quelques milliers d'années. Visionnaire ou pragmatique, l'acte philanthropique porte en lui la volonté de ne pas se résigner aux impasses ou aux insuffisances du temps présent. Mais contrairement au politique qui croit pouvoir changer le monde par l'expression d'une volonté individuelle ou collective, il fait plutôt confiance à la vertu démonstrative et persuasive de l'action, de l'œuvre accomplie et du résultat obtenu.

Les projets philanthropiques sont souvent des œuvres réparatrices, que ce soit de la maladie, des accidents de la vie ou des injustices de toute nature, y compris celles qui ont permis au philanthrope de faire fortune. Confrontée bien plus tôt qu'elle ne le croyait à la crise climatique et à de multiples ruptures géopolitiques, notre société est en panne d'avenir. Les politiques ne lui proposent ni utopie ni ambition et la technologie recèle plus de menaces que de promesses. N'est-il pas temps pour la philanthropie de réparer l'avenir ? Gaston Berger demandait à la prospective de « voir loin, voir large, prendre des risques et penser à l'homme ». Tout philanthrope qui se respecte devrait pouvoir relever ce défi, prendre les risques que l'investisseur évite, écouter les voix que le puissant méprise, accueillir les hommes et les femmes que l'imprécateur fustige. Mais pour que l'audace philanthropique redonne des couleurs à l'avenir, encore faut-il conjuguer des ressources, des imaginations et des volontés.

C'est pourquoi l'avenir de la philanthropie, en rupture avec une certaine tradition de la générosité personnelle ou de l'engagement valorisant la marque de l'entreprise, est aux œuvres communes, à l'orchestration des convergences et à l'outillage des coopérations. Les objectifs de développement durable (ODD) ne seront certainement pas atteints en 2030, du moins ils auront acclimaté l'idée que l'on ne cesse pas d'être soi-même en s'inscrivant dans un horizon commun. Ils redéfinissent l'intelligence stratégique comme capacité à partager et à faire ensemble. Se fixer des défis communs et mesurer la contribution de chacun permettrait de définir une utilité sociale propre à la philanthropie, celle de l'exploration et de l'expérimentation des formes émergentes de l'action collective.

■ **Étienne Klein**

Physicien et philosophe des sciences, dirige le Laboratoire de recherche sur les sciences de la matière au CEA

Il y a quelques décennies s'est produit un événement symboliquement très important, finement analysé par le mathématicien Olivier Rey dans son ouvrage *Une folle solitude.* Le fantasme de l'homme autoconstruit : le retournement des poussettes. Avant, l'enfant était transporté dans un face-à-face rassurant, qui le plaçait dans un rapport affectif permettant sourires, grimaces, gestes de tendresse ou de menace, échange de paroles avec la personne qui le poussait, en général sa mère. Désormais, l'enfant est face au vide, son regard ne rencontre que des passants anonymes, il est laissé à sa solitude, « ouvert sur le monde », disent ceux qui veulent louer cette pratique, et non plus prisonnier du cercle familial, mais en réalité livré à l'inconnu, qui, comme chacun sait, est source potentielle d'angoisse.

Ce renversement spatial est typique d'un nouveau rapport au temps, à soi, aux autres. L'enfant n'a plus d'autre horizon qu'un présent informe, et donc troublant. Olivier Rey défend l'idée que ce sont la démocratie et la science qui ont contribué à ce retournement des poussettes, l'une et l'autre privilégiant un sujet libéré du poids du passé, des entraves traditionnelles, un sujet regardant d'emblée vers l'avant. Il retrace au passage la longue histoire de l'émancipation de l'individu, partant du présent pour remonter vers l'élan de l'idéal démocratique et du projet scientifique et technique, avant d'en revenir à l'apogée de la technoscience où nous sommes aujourd'hui : celle de l'individu condamné à s'inventer à partir de ses propres forces, et par là même plombé de solitude et tourmenté d'angoisse.

Déconnecté d'un présent devenu omniprésent, d'un présent limité à lui-même, le monde de demain est laissé en jachère intellectuelle, en déshérence libidinale, dans une sorte de trou symbolique. L'an 2000 était configuré à l'avance, mais 2050 ne l'est pas. Outre le retournement des poussettes, on peut trouver au moins deux causes profondes à cette situation. La première est que nous sommes orphelins des philosophies de l'histoire, ainsi que Régis Debray est parvenu à le dire en une phrase : « Les prémodernes regardaient par-dessus leur épaule un âge d'or inventé mais perdu. Les modernes regardaient devant eux, vers un soleil en souffrance. Nous, postmodernes, nous courons sur un tapis roulant les yeux bandés, après le scoop du jour[1]. »

---

1. Régis Debray, *L'Angle mort*, Les Éditions du Cerf, 2018, p. 63.

Le scoop du jour… Ce qui amène tout droit à la seconde cause : nous sommes piégés dans un flux qui nous submerge, ensevelis sous des informations auxquelles les médias accordent une consistance parfois artificielle, fatigués par leur rythme effréné. Paul Valéry, en son temps, déjà, parlait d'une « intoxication par la hâte ». En conséquence, nous ne parvenons plus à lire l'avenir dans le présent, à penser ce qui va survenir en prolongement de ce qui est. Enfermés dans l'absorption du *hic et nunc*, nous avons perdu les moyens de discerner quel paysage général est aujourd'hui en train d'émerger.

Qu'est-ce qui se construit ? Qu'est-ce qui se détruit ? Nous l'ignorons pour une grande part, mais c'est paradoxalement parce que nous avons compris quelque chose : par des boucles nouvelles et inattendues, nous allons de plus en plus dépendre de choses qui dépendent de nous. Or comment savoir ce qui va se passer si ce qui va se passer dépend en partie de ce que nous allons faire ? Nous sommes désormais conscients que nous grignotons de plus en plus avidement le fruit terrestre qui nous porte, mais nous ne savons pas comment enrayer cette mauvaise tendance. Alors, nous pressentons que cet avenir même que nous sommes en train d'anticiper par nos actions et nos choix pourrait se révéler radicalement autre, et au fond de nous-mêmes, nous le craignons.

Mais quel est le statut physique du futur ? Existe-t-il déjà quelque part à attendre de devenir présent ou n'est-il encore qu'un néant absolu ?

Des physiciens ont proposé une lecture de la théorie de la relativité d'Einstein laissant penser que le futur existe autant que le passé dans ce sens. C'est la thèse dite « de l'univers-bloc », qui invite à considérer l'espace-temps comme une structure intégralement déployée au sein de laquelle tous les événements, qu'ils soient passés, présents ou futurs, coexisteraient[1]. Ils y auraient exactement la même réalité, de la même manière que les différentes villes de France coexistent en même temps dans l'espace, tout en étant situées en des lieux différents : tandis que je suis à Paris, Chamonix et Aix-en-Provence existent tout autant que la capitale, la seule différence entre ces trois villes étant que Paris accueille ma présence, alors que ce n'est le cas ni de Chamonix ni d'Aix-en-Provence, du moins au moment où j'écris ces lignes. L'espace-temps contiendrait en somme l'intégralité de l'histoire de la réalité, chaque événement passé, présent ou futur y occupant, depuis toujours et pour toujours, une place bien déterminée. L'avenir existerait donc déjà, tout comme le passé, mais ailleurs que là où nous sommes.

Cette thèse est bien sûr discutée et même controversée. On peut notamment lui opposer le « présentisme », qui considère au contraire que seuls les événements présents sont réels : ceux-ci apparaissent et disparaissent en étant remplacés par d'autres, de sorte que la réalité est toujours inédite et indécise. Il n'y aurait en somme pas d'autre réalité que l'ensemble de ce qui, présentement, a lieu : en son amont comme en son aval, le présent serait ceinturé par du néant, par du rien…

Mais en attendant que cette question du statut du futur soit tranchée, il faut bien vivre. Or vivre implique d'accorder à l'avenir un certain statut, ce qui suppose de l'investir avec des idées, des projets, des représentations, des désirs. Alors, le mieux est de concevoir une habile synthèse entre le présentisme et l'univers-bloc, de les mélanger pour donner corps à l'idée que l'avenir constitue une authentique réalité mais qu'il n'est

1. Kurt Gödel, « The debate over the block universe », *in* Paul Arthur Schlipp (dir.), *Albert Einstein: Philosopher-Scientist*, The Library of Living Philosophers, 1949, p. 557-562.

pas complètement configuré, pas intégralement déterminé, qu'il y a encore place pour du jeu, des espaces pour la volonté et l'invention. Bref, plutôt que de faire joujou avec le spectre de la fin du monde ou de se disloquer en une sorte d'immobilité trépidante, ne serait-il pas plus vivifiant de redynamiser le temps en force historique ? De se donner « l'occasion de creuser un nouveau trou dans le mur, pour respirer[1] » ? Au lieu d'attendre Godot, faisons le pari que l'an 2050 finira bien par atterrir dans le présent et tentons de construire, entre lui et nous, une filiation intellectuelle et aussi affective que possible.

1. Régis Debray, *L'Angle mort*, *op. cit.*, p. 64.

B

Banque

▪ Anne Butler
Journaliste

Certaines banques, pour qui il importe de préserver le patrimoine universel de l'humanité, proposent à leurs clients de les accompagner dans leurs ambitions et leurs parcours philanthropiques. Il s'agit souvent d'une équipe dédiée qui fait du « sur mesure » : définition des causes, des champs d'action possibles, mise en place de stratégies d'engagement, organisation des démarches ou encore choix de la solution la mieux adaptée. Parmi elles, à titre d'exemple, l'ouverture d'une fondation abritée qui permet au fondateur de bénéficier de l'ensemble des avantages fiscaux dévolus à une fondation reconnue d'utilité publique et de laisser, en son nom, un héritage durable. Le philanthrope qui œuvre pour un monde meilleur de manière désintéressée et pour le bien commun peut ainsi, de témoin de son époque, devenir un plein acteur s'attaquant aux défis posés au monde actuel, qu'il s'agisse de préservation du patrimoine culturel, d'éducation, de réduction des inégalités, de recherche scientifique, etc.

Bénévolat

■ Agathe Leblais
Administratrice et membre du bureau de La Fonda

La philanthropie, c'est aussi une histoire de bénévolat : la philanthropie est entourée de bénévoles !

Elle agit en grande partie grâce à leur présence, à leur temps, à leur action. Tout le monde connaît le (ou la) mécène qui apporte des moyens financiers, mais il y a tous les autres assurant le bon fonctionnement d'une action philanthropique et de ses effets : les administrateur(rice)s siégeant au conseil d'administration du véhicule philanthropique, les bénévoles qui assurent les activités des associations ou des organisations d'intérêt général soutenues par le(s) philanthrope(s), et sans qui le travail sur le terrain, auprès des bénéficiaires, n'aurait certainement pas lieu.

Le bénévolat n'a pas de définition légale ni conventionnelle. Sa définition communément admise par le Conseil économique, social et environnemental (CESE), et précisée en juin 2022, est la suivante : « Le bénévolat est l'action de la personne qui s'engage librement, sur son temps personnel, pour mener une action non rémunérée en direction d'autrui, ou au bénéfice d'une cause ou d'un intérêt collectif. »

Le bénévolat est ainsi, *a priori*[1], une forme d'engagement accessible à toutes et à tous, sans condition de revenus ni de moyens financiers disponibles (à la différence du don financier) ; il s'exprime dans toutes les causes, il touche tous

1. Les études établissent qu'une majorité des bénévoles proviennent des populations les plus diplômées, voir « La France bénévole en 2023 », Recherches & Solidarités, juin 2023.

les quartiers d'une ville mais aussi les zones périurbaines ou rurales, il englobe des réalités diverses : du coup de main (comme trier des vêtements) au don de compétences précises (comme établir une stratégie de communication numérique). Il permet la rencontre et le lien : c'est l'une des principales causes de l'engagement bénévole et de son maintien dans le temps.

Le bénévolat, terreau fertile pour la création et le renforcement des liens humains, doit continuer à être apprécié à sa juste valeur. Ce qui doit certainement être préservé, c'est le don libre du temps qui est le nôtre, sans condition ni incitation, car ce que le bénévolat incarne de plus profond, c'est la liberté de s'engager (partant de se désengager).

Les dernières études se penchant sur le bénévolat décrivent certaines mutations qu'il convient d'observer :

- Les modalités d'engagement des individus se transforment : souplesse, flexibilité, exigence d'impact[1]. Cela transforme la relation que les bénévoles ont avec le bénévolat et implique une nécessaire transformation des organisations qui les accueillent.
- Les jeunes s'engagent : ils et elles sont nombreux(ses) à donner de leur temps régulièrement à une association, au sein d'un mouvement, ou à travers de nouvelles formes d'engagement telles que la signature de pétitions, le boycott, etc. Le baromètre de la Direction de la jeunesse de l'éducation populaire et de la vie associative (Djepva) est éclairant à ce propos et permet de relativiser certaines idées reçues sur une jeunesse souvent décrite comme individualiste et désengagée.

1. Sources : Baromètre Djepva sur la jeunesse, *Moral, état d'esprit et engagement des jeunes en 2023*, septembre 2023 ; La Fonda, compte rendu du dialogue entre Claire Thoury et Julien Mast, 22 mars 2023 ; « Comment les jeunes s'engagent », The Conversation – consulté le 28 novembre 2023.

• Les seniors de plus de 65 ans n'ont jamais été aussi peu engagés[1] : quatre ans après la crise Covid, les signes de cette désaffection pour le bénévolat se maintiennent. Alors qu'elle était la population bénévole la plus active, elle se stabilise en 2023 au même niveau que les jeunes de moins de 35 ans : soit 25 % de la population bénévole.

Mais revenons-en au lien avec la philanthropie : cette dernière peut offrir à celles et ceux qui lui donnent du temps l'opportunité de rencontrer sur le terrain les actrices[2] de l'intérêt général, d'être en lien et en prise avec des vies inconnues, d'accéder à l'Autre, de le rencontrer. L'aventure philanthropique est merveilleuse lorsqu'elle croise les regards, mêle les individus et leurs expériences, et prend soin des bénévoles qui lui donnent vie.

Besoin

▪ Jean-Claude MAGENDIE
Premier président honoraire de la cour d'appel de Paris

Dans le sens le plus immédiat, « besoin » s'éclaire à la lumière des concepts de charité, de fraternité et de dignité : la charité pratiquée envers celui qui se trouve dans le besoin s'impose comme une démarche éthique, fraternelle, qui confère autant de dignité à celui qui donne qu'à celui qui reçoit.

Si le besoin évoque une situation individuelle, dans laquelle la responsabilité peut ne pas être étrangère, la situation de pauvreté qui en est souvent la cause est collective et constitue

1. « La France bénévole en 2023 », art. cit.
2. Le secteur de l'intérêt général étant principalement féminin, l'accord se plie au genre le plus représenté.

en cela un sujet politique ; son éradication relève d'un choix de société. Le credo égalitariste communiste « À chacun selon ses besoins » a conduit à l'asservissement, le libéralisme sauvage à la paupérisation de toute une partie de la société. C'est entre ces deux écueils que les États démocratiques mènent leurs politiques économique et sociale.

Mais le besoin prend désormais une dimension internationale : l'opposition du monde entre pays riches et pays pauvres nécessite ici aussi, mais sur le plan global, le partage, la fraternité, le souci de la dignité humaine. Les phénomènes migratoires Sud-Nord en constituent la conséquence la plus évidente.

Plus globalement encore, le besoin s'appréhende à l'échelle de la planète, à l'aune de la limite de ses ressources ; la démographie et l'écologie deviennent les défis vitaux que l'humanité va devoir affronter.

Pour autant, le besoin de l'homme ne saurait être réduit à la seule dimension matérielle ; il doit pouvoir accéder à la culture qui l'élève au-dessus de la nature ; en quête de sens il a besoin de spiritualité, avec ou sans Dieu ; il doit voir reconnu son besoin de liberté dont sa dignité découle.

Bienveillance

« Bien agir vaut mieux que bien penser. » Cicéron

■ Christine Jordis
Écrivaine

« Bienveillance », c'est un mot qui court les rues, une notion des plus à la mode, à tout bout de champ resservie, posée à la une des journaux, répétée dans les émissions de télé, répandue dans le discours ambiant (à tel point qu'on pourrait l'aligner sur une recommandation familière, « évitez de manger trop sucré, trop gras, trop salé, soyez bienveillant ») – sans que la pratique suive nécessairement. Le mot se faufile partout, les journaux féminins, érigés de nos jours en guides de bonne conduite selon la religion du bien-être, en sont inondés : « L'amitié féminine, lit-on, reprend toute sa place. Valeur refuge et précieuse bienveillance… » C'est l'évangile du LIEN qui nous est alors débité, ce lien à l'autre vu comme « une puissance salvatrice ». Suit une liste d'évidences (de vérités que l'on a peut-être déjà découvertes par soi-même), pimentées de citations (invite bien vue à la culture), d'appels à quelques auteurs célèbres (qui viennent compléter de façon heureuse les références aux personnalités d'aujourd'hui, pas encore aussi établies). Ce credo, chacun est tenu d'y croire et de le répéter en chœur, les magazines sur papier glacé en font leur profit.

Quant à moi, ce tripotage de l'âme me ferait plutôt fuir le mot comme l'idée. En raison sans doute du côté troupeau, tous ensemble, marchons d'un même pas. Oui, ce n'est pas la notion que je conteste, tout au contraire, mais cette façon de nous manipuler, endoctriner, enrégimenter, et l'utilisation d'une disposition, belle en soi, mais devenue un simple mot d'ordre qui sert une mode et le profit.

Et puis cette bienveillance de façade peut venir à point nommé pour atténuer les torts de l'adversaire en cas de conflit, nous permettant une sortie honorable et dissimulant un brin de lâcheté.

Pourtant, en dépit de l'irritation causée par l'emploi de ce mot, on ne peut ignorer le besoin immense dont il est issu : besoin de solidarité dans une société de plus en plus dure, dans une vie toujours plus difficile, menacée par les catastrophes annoncées, dans un monde en proie au chaos, sans plus de points de repère, ni de prévisions possibles pour l'avenir. En de telles circonstances, compter sur la bienveillance de l'autre, ou l'espérer, alors que le sentiment de solitude se creuse encore, accru de tout le vide, du sens de l'inutilité, que l'usage des réseaux sociaux ne nous donne même plus l'illusion d'alléger, n'est-ce pas une réaction tout à fait naturelle ? La solidarité est devenue une nécessité.

Mis à part ces quelques remarques préliminaires, la bienveillance, quand elle cesse d'être un mot trop vite prononcé, pour être réellement vécue, c'est-à-dire ressentie, est selon moi la plus belle chose du monde. Elle peut se décliner en d'autres termes tels que « bonté », « altruisme », « amour » ou « compassion »... Et ainsi être incluse dans les grandes religions ou philosophies du monde, que ce soit en Orient ou en Occident, étant même placée tout en haut de leur échelle de valeurs. Dans les définitions de ces mots divers, on trouve un élément commun : c'est « l'autre ». Autrement dit, cessant de porter son intérêt exclusivement sur soi-même – une tentation assez courante –, on déplace quelque peu sa perspective, on se quitte quelques instants pour donner son attention à l'autre. On cherche à le comprendre, éventuellement à l'aider – à lui faire du bien. Autrui, mon semblable, mon frère. Dans « bienveillance », il y a cette prise de conscience fondamentale : à regarder le profond, sans s'arrêter à des différences, qui bien sûr comptent (pourquoi le nier ?), mais ne sont en réalité que de surface, ce sont les ressemblances qui dominent. Elles nous conduisent à nous sentir solidaires : solidaires en tant qu'êtres humains (certains vont plus loin et étendent cette solidarité à tout le vivant), partageant la même condition, le même sort : naître et mourir. Pas besoin de religion pour parvenir à cette constatation.

À partir d'une telle observation, « bienveillance » signifierait donc être bien disposé à l'égard de l'autre, ou encore avoir envers lui, notre semblable, la même attitude favorable – ouverture d'esprit et compréhension – qu'envers nous-même.

Parvenus à ce stade, les chrétiens évoqueraient la plus grande des vertus théologales, celle de la charité, qui consiste dans l'amour de Dieu et du prochain, que nous aimons en lui. Quant aux bouddhistes, leurs quatre « qualités morales » ou « incommensurables » (qui peuvent être développées indéfiniment) sont la bienveillance (ou fraternité) ; à un niveau supérieur, la compassion : issue de la bienveillance, elle s'émeut de la souffrance d'autrui (l'endosse et cherche à la soulager) ; la joie : nous nous réjouissons de son bonheur ; enfin, au-delà encore de ce bonheur partagé, l'équanimité, qui est un état de paix : il n'est plus de situation ni de circonstances pour nous rendre tristes ou heureux, ni même indifférents. Le sage, à partir du centre de lui-même, accueille avec la même sérénité ce qui lui arrive, il consent à l'ordre des choses. Confucius, qu'on n'a pas fini de citer, écrivait : « À 15 ans, je résolus d'apprendre. À 30 ans, j'étais debout dans la Voie. À 40 ans, je n'éprouvais plus aucun doute. À 50 ans, je connaissais le décret du Ciel. À 60 ans, j'avais une oreille parfaitement accordée. À 70 ans, j'agissais selon les désirs de mon cœur, sans pour autant transgresser aucune règle. »

Ainsi la bienveillance serait-elle le premier pas non seulement vers l'autre, mais vers notre propre paix intérieure, une fois laissés derrière soi une vaine agitation, le souci exacerbé de nous-même, le désir et l'insatisfaction qui s'ensuivent, le ressentiment, ces attachements qui nous poussent de-ci de-là…, des obstacles majeurs à la sérénité. Bref, on le voit, le travail sur soi n'est pas mince. Le mot « bienveillance », dont la signification est usée par un usage abusif, ouvre ainsi, pour peu qu'on y réfléchisse, une porte sur un progrès sans fin.

Bonheur

« Je posséderais tout ce que l'on peut désirer au monde pour être heureux, il me manquerait tout le bonheur d'autrui. »
André-Marie AMPÈRE

■ Charles SELLEN
Conseiller en philanthropie

Le bonheur est la finalité ultime de la vie, le souverain bien, enseignait Aristote dès l'Antiquité. Parmi les philosophes qui ont étudié les ressorts de la joie et du bien agir, Spinoza estimait que le désir de vivre heureux constituait l'essence même de l'homme. Ce thème universel traverse la littérature, la poésie et le théâtre au fil des siècles. Paul Claudel écrivait ainsi que le bonheur n'est pas le but mais le moyen de la vie. Cette centralité évidente et multiséculaire dans l'expérience humaine ne nous fournit cependant pas de définition claire du bonheur. Que signifie-t-il dans l'absolu ? Admettons qu'il est difficile de le savoir avec certitude. N'y aurait-il pas finalement autant de visions du bonheur qu'il y a d'individus ?

De nos jours, la science s'y intéresse de près avec des méthodes rigoureuses. Les chercheurs distinguent les mesures objectives (essentiellement liées aux conditions de vie, découlant de facteurs externes) et l'appréciation subjective (c'est-à-dire relative à chaque individu, découlant d'une perception intérieure, variable d'une personne à l'autre) du niveau de bien-être. Pour simplifier, le bonheur est alors synonyme d'une satisfaction globale de sa vie, réunissant deux composantes : affective (ce que l'on ressent) et cognitive (ce que l'on analyse).

Or nous éprouvons des frustrations lorsque nos désirs ne sont pas comblés. Si la vie ne nous permet pas de satisfaire nos ambitions, matérielles ou immatérielles, alors la sagesse nous invite soit à modérer nos attentes, soit à cultiver l'art d'apprécier mieux ce que l'on possède déjà. Les peuples nordiques qui caracolent en tête des classements mondiaux du bonheur s'appuient sur cette clé : se fixer des objectifs modestes, facilement atteignables, est probablement la meilleure recette pour vivre heureux à long terme.

Mais d'autres moyens à la portée de tous existent pour rehausser aisément notre niveau de bien-être. C'est ici que la philanthropie peut jouer un rôle capital, encore largement méconnu. Car il est désormais prouvé que l'on augmente significativement son propre bonheur en contribuant à celui des autres. Le bénévolat génère ainsi une meilleure estime de soi, diminue le risque de dépressions, atténue les effets psychologiques du vieillissement. La générosité sous ses diverses formes est corrélée à un bien-être supérieur, à une meilleure santé et à une meilleure longévité du donateur.

À condition que nos besoins fondamentaux soient assurés (logis, nourriture, soins), l'obtention d'un surcroît de richesse ne rend pas foncièrement plus heureux. Cela vérifie l'adage populaire que « l'argent ne fait pas le bonheur » (au-delà d'un socle de base). On retire en effet plus de joie à partager une ressource monétaire avec autrui qu'à la consommer soi-même. Ce résultat prévaut quels que soient la culture ou le pays, indépendamment du montant donné – petits et grands donateurs en jouissent pareillement. Cela conduit d'aucuns à réfléchir à la notion paradoxale d'« altruisme rationnel », tant cette vertu semble procurer de plus grands bienfaits pour soi qu'une attitude égoïste. Peut-on rêver d'un levier plus formidable pour développer la philanthropie ?

Avec le recul, il n'est pas étonnant que les grandes religions incitent depuis toujours leurs adeptes à pratiquer la générosité désintéressée. Leurs sagesses immémoriales discernent que l'altruisme est le plus sûr chemin vers la joie dans nos vies éphémères ici-bas, et une porte ouverte vers le bonheur éternel espéré dans l'Au-delà.

▪ Claudia SENIK
Professeure à Sorbonne Université et à l'École d'économie de Paris, IUF, directrice de l'Observatoire du bien-être du Cepremap[1]
▪ Elizabeth BEASLEY
Chercheuse au Cepremap

Le don rend-il les gens plus heureux ? La réponse semble relativement claire en ce qui concerne les bénéficiaires (même si certaines œuvres littéraires pourraient en faire douter[2]). Quant aux donateurs, les résultats des enquêtes conduites dans de nombreux pays indiquent systématiquement une association positive entre divers comportements altruistes et les mesures de bien-être et de sens.

Mais est-on heureux de donner, ou bien donne-t-on parce qu'on est heureux ? Pour essayer d'établir la direction de la causalité, des expériences ont été effectuées par des économistes et des psychologues. En faisant pratiquer des activités prosociales à des individus choisis de manière aléatoire au sein d'un

1. Cepremap : Centre pour la recherche économique et ses applications.
2. Eugène Labiche, *Le Voyage de Monsieur Perrichon*, 1860.

groupe, on remarque effectivement que les dons améliorent les mesures de bien-être de leurs auteurs[1].

Quel est donc le mécanisme qui relie charité et bien-être ? Pur altruisme, satisfaction morale, image de soi, « sentiments moraux » à la Adam Smith ? Ou bien image sociale projetée (et image de soi à travers le regard des autres) – comme le suggèrent les études qui montrent qu'on donne d'autant plus qu'on est observé ? Ou encore s'agit-il du plaisir né d'un sentiment de puissance et de surplomb ? Le plaisir lié au don, le *warm glow of giving*, est fait à la fois de représentations et d'émotions. Plus le don semble « pur » de toute autre motivation hors l'altruisme, la générosité et l'empathie, plus il est gratifiant aux yeux du donateur lui-même et de son entourage. Ainsi, lorsque le don est visible de tous, la nature de sa motivation peut être sujette à suspicion : la personne est-elle en train d'envoyer un « signal » de sa générosité dans une quête de réputation, ou bien agit-elle sincèrement ? Le don n'est gratifiant que s'il apparaît comme désintéressé et sans contrepartie. C'est pourquoi les collectes de don du sang, par exemple, attirent moins de volontaires lorsqu'elles s'accompagnent d'une rémunération des donateurs. Les exemples sont nombreux du risque d'éviction des motivations altruistes dites « intrinsèques » par des motivations « extrinsèques », notamment financières[2].

C'est ainsi que la sphère du don s'épanouit à côté de l'échange marchand, même dans les sociétés où celui-ci s'étend le plus largement. Du bénévolat aux sociétés à mission, elle répond à la quête de sens des citoyens et des travailleurs.

1. L. Rowland et O. S. Curry, « A range of kindness activities boost happiness », *Journal of Social Psychology*, 2019, 159 (3), p. 340-343.
2. R. Bénabou et J. Tirole, « Incentives and prosocial behavior », *American Economic Review*, 2006, 96 (5), p. 1652-1678.

Le don contre don ne se pratique pas seulement dans les sociétés traditionnelles. Il fait exister un espace particulier dans lequel les individus peuvent exprimer leur attention à l'autre et construire des liens réciproques que le marché ne peut réaliser. Les échanges de cadeaux à l'occasion des anniversaires ou des fêtes de Noël illustrent le plaisir que retirent les humains à échanger autre chose que du pouvoir d'achat.

But non lucratif

■ Sarah Bertail
Directrice juridique de France générosités

Se dit d'une entité, d'une activité ou d'un projet dont l'objectif premier n'est pas d'en tirer des revenus pour la ou les personnes qui en sont à l'origine. Être à but non lucratif, c'est sortir de la logique du profit. Mener une activité à but non lucratif, c'est accepter que les connaissances, l'argent, le temps ou les moyens que nous investissons, partageons, donnons ou plaçons ne procureront pas de revenus ou n'en procureront que pour d'autres, pour les personnes qui en ont besoin, pour des projets ou pour la collectivité. Au final, être à but non lucratif, c'est sortir de la logique du profit pour soi-même. Une association est un organisme à but non lucratif.

Le but non lucratif est donc antinomique avec toute forme de société qui, par définition, consiste en la mise en commun de biens ou moyens en vue d'en partager les bénéfices ou les économies qui en découlent. Si ces bénéfices peuvent être encadrés, justifiant ainsi l'expression de « lucrativité limitée » pour les sociétés coopératives ou les entreprises solidaires d'utilité sociale, ces entités n'en demeurent pas moins des sociétés à but lucratif. On comprend cependant que la frontière est ténue entre lucratif et non lucratif. On le voit par exemple dans le secteur médico-social. Ce secteur auparavant largement pris en charge par le secteur non lucratif doit désormais composer avec des acteurs lucratifs. Ainsi, des Ehpad gérés par des entreprises lucratives captent un public à revenus élevés laissant les publics à revenus plus faibles, éligibles à l'aide sociale, au secteur non lucratif. Si les acteurs lucratifs peuvent faire appel à des investisseurs et ajuster leurs tarifs, les marges de manœuvre des acteurs non lucratifs sont plus faibles et leur imposent de recourir à la générosité. Le domaine de la culture semble également impacté par cette concurrence du secteur lucratif : des expositions grandioses sont organisées par de grands entrepreneurs au détriment des musées du secteur non lucratif beaucoup moins bien dotés et qui doivent se battre pour attirer leur public.

Il est difficile de donner une définition du but non lucratif sans évoquer la notion fiscale à laquelle il se rapporte et bien connue du secteur. L'administration fiscale considère ainsi qu'un organisme exerce une activité non lucrative (et donc non fiscalisée) si cette activité est gérée de manière désintéressée et si elle ne concurrence pas le secteur commercial.

Être à but non lucratif, c'est donc se placer en dehors du marché concurrentiel européen dont le traité fondateur ne s'applique pas aux « sociétés à but non lucratif » (article 54 du Traité sur le fonctionnement de l'Union européenne). Les organismes à but non lucratif sont toutefois des opérateurs européens. Tel est le cas lorsqu'ils fournissent des services dits « d'intérêt économique général » (SIEG), c'est-à-dire des services de nature économique soumis à des obligations de service public dans le cadre d'une mission d'intérêt général, par exemple pour gérer une crèche ou un établissement de santé. Par ailleurs, dans le cadre du plan d'action européen pour l'économie sociale (décembre 2021), la Commission européenne, à l'initiative du Parlement, propose la création d'un cadre juridique commun pour un certain type d'associations (projet de directive européenne sur les associations transfrontalières européennes du 5 septembre 2023). Cette proposition pourrait être l'occasion de s'accorder sur une définition européenne du but non lucratif.

C

Capitalisme

▪ Agnès Bricard
Ambassadrice à l'intéressement et à la participation
et présidente fondatrice de la Fédération femmes administratrices

Marqueur, au seuil de la révolution industrielle, de la propriété des moyens de production, le capitalisme s'est imposé dans nos sociétés comme le moteur du développement et de la croissance économique, mais aussi comme le symbole de l'accumulation, voire de la confiscation, des richesses.

Les multiples facettes du capitalisme, depuis ses premières références dans l'histoire économique, en font un concept à géométrie variable pouvant se traduire par des définitions opposées ou même contradictoires. La conceptualisation du capitalisme par Adam Smith d'un côté et Karl Marx de l'autre en est une illustration. On peut trouver des représentations plus modernes de ces oppositions.

La définition du capitalisme est donc contrainte de s'adapter à l'évolution de nos modèles économiques avec un savant « dosage » de ses principales composantes liées au rôle joué par l'État, à l'exclusivité de la recherche du profit, à la place accordée à la valeur travail…

Le capitalisme a été le moteur de la prospérité économique, mais a également suscité des inquiétudes quant aux inégalités sociales et aux défaillances du marché. Les excès du capitalisme financier ont marqué l'histoire de toutes les économies sans considérations nationales. La crise financière de 1929, la crise des *subprimes* ont fait la démonstration de l'instabilité structurelle du capitalisme. L'effondrement de l'URSS qui a sanctuarisé le capitalisme d'État marque les limites de l'excès inverse.

Plus récemment, la mondialisation nous a donné une vision internationale du capitalisme qui se heurte à de nombreux écueils : économiques, sociaux, environnementaux. Pour compenser, on habille le capitalisme de nouvelles vertus pour donner un nouveau sens à l'engagement des actionnaires. La valeur des entreprises ne peut se construire autour d'une rumeur. Pourtant on y cède trop facilement pour satisfaire le capitalisme boursier. Les annonces tonitruantes d'investissements massifs dans les IA génératives résonnent comme celles qui ont précédé la bulle Internet dans les années 2000. Leurs effets sur la capitalisation boursière sont quasiment immédiats.

Pourtant, qui peut douter du caractère essentiel du capital pour le développement de nos économies et du progrès pour leurs acteurs ? Plus grand monde ! Mais il nous reste à maîtriser ce capital pour réaliser le dosage, l'assemblage idéal.

Certes les dispositifs de partage de la valeur, de l'intéressement aux opérations d'actionnariat salarié, en passant par la participation ou les plans d'épargne salariale, sont davantage répandus en France qu'ailleurs en Europe. Les réformes conduites récemment visent à favoriser leur diffusion dans les entreprises, petites et moyennes en particulier.

Mais les marges de progrès n'en demeurent pas moins réelles, au vu de l'inégal accès des salariés à tous ces dispositifs.

Les organisations syndicales de salariés et les organisations patronales ont conclu, le 10 février 2023, un accord national interprofessionnel (ANI) sur le partage de la valeur entre travail et capital. Cette approche vise à aligner les intérêts des salariés avec ceux de l'entreprise, favorisant ainsi l'engagement et la productivité. De plus, les comités consultatifs ou les conseils d'administration avec la participation d'employés offrent une voix aux travailleurs dans les décisions stratégiques.

La démocratisation actuelle du capitalisme, avec un accent sur la participation des salariés au capital, représente une réponse aux défis contemporains. Cependant, il reste essentiel de trouver un équilibre entre la promotion de la participation et la préservation de la dynamique entrepreneuriale inhérente au capitalisme. Dans ce nouvel horizon, le capitalisme se réinvente, cherchant à concilier efficacité économique et justice sociale.

■ Pierre-Yves Gomez
Professeur émérite à EM Lyon Business School

Système politique, économique et culturel qui a donné naissance à une civilisation. Apparu à partir du XIIIe siècle en Europe occidentale, il s'y est déployé lentement au point d'être, à la fin du XIXe siècle, reconnu comme un tout suffisamment cohérent pour que soit créé le mot « capitalisme ». C'est un mode de vie, une manière d'organiser et d'exercer le pouvoir, de produire et de consommer des biens et des services, de créer des hiérarchies acceptables entre les membres de la société. Il définit notre histoire depuis plus de deux siècles…

Comme tout système, la structure du capitalisme oppose des acteurs en permanente interaction dans une unité provisoire. Sur le plan politique, l'État et l'entreprise se répondent :

l'un détient le monopole de la coercition physique et de l'élaboration des lois communes ; l'autre décide de l'usage des ressources disponibles. Le politique a été dissocié de l'économie, la tension entre ces deux mondes variant selon leurs rapports de force, les époques et les lieux.

Dans la sphère économique elle-même, encore des oppositions. L'une distingue les propriétaires du capital des détenteurs de la force de travail – irréductible antagonisme que canalisent les entrepreneurs et les gestionnaires ; une autre opposition sépare la logique de la production de celle de la consommation, qu'à leur tour agencent les « marchés ».

Ainsi se heurtent des acteurs et des fonctions dans une machinerie sous tension, robuste et chaotique, en mouvement perpétuel pour se maintenir selon les événements et les contextes. Depuis son noyau européen initial, le capitalisme a pu coloniser une large partie de la planète en prenant des formes ajustées au temps et à l'espace. On distingue désormais des capitalismes occidental, chinois, japonais ou africain, dont les morphologies diffèrent mais la structure reste commune.

Car dans ce désordre un unique ressort fait sa puissance : la recherche du profit individuel. Dans le monde capitaliste, tout humain est vu comme une particule élémentaire mue par le calcul de son propre bénéfice. On considère ainsi qu'il est dans sa nature de choisir ses comportements selon les gains qu'il en obtient : salaire de l'effort, intérêts de l'épargne, plus-values de la spéculation, satisfaction de l'achat… Le bénéfice privé est la règle de fer de la religion moderne qui éduque et civilise l'homme capitaliste.

Supposée universelle, elle mesure aussi bien les décisions économiques ou éthiques que les limites de la liberté, l'esprit des lois ou la voracité de la consommation. Toute la mécanique capitaliste s'actionne grâce aux multiples espoirs de bénéfices matériels qu'entretiennent les acteurs qui la composent.

Ce qui semble avoir mis la morale sociale cul par-dessus tête. Car dans la plupart des civilisations, la dépense, l'évergétisme, la charité, le don ou l'altruisme étaient des conditions préalables à la réussite sociale : on admirait la personne qui, ayant su être généreuse ou désintéressée, manifestait des vertus utiles pour gouverner. L'individu capitaliste, lui, calcule d'abord son profit ; s'il calcule suffisamment, il devient riche ; quand il est riche, il peut se montrer prodigue.

C'est pourquoi le capitalisme a enfanté la philanthropie moderne et, dès la fin du XIXe siècle, les magnats se sont voulus d'humanistes mécènes. Distribuer sa fortune est dès lors devenu une manière d'attester que l'on a vraiment fait fortune. Paradoxe qui sonne comme un retour du refoulé puisqu'il montre que c'est en échappant à la tyrannie du profit qu'on réussit tout à fait et en se montrant enfin généreux qu'on devient réellement admirable.

Causes

▪ Axelle DAVEZAC
Directrice générale de la Fondation de France

Quelle est la cause de cet événement ? Quelle est la cause qui me tient à cœur ? Quelles sont les grandes causes qui méritent notre attention ?

Le mot « cause » est riche de sens. Il évoque aussi bien les raisons qui poussent à agir que les grandes questions qui nous mobilisent. Il exprime aussi les causes de ces maux qui gangrènent notre société et sur lesquelles il faut agir… Ce simple mot raconte finalement ce qui fonde le secteur de l'intérêt général, signifiant à la fois le pourquoi et le comment.

Les causes qui poussent à s'engager sont multiples. Elles sont liées à l'histoire de chacun, son éducation, sa famille, ses valeurs, le territoire sur lequel on a grandi. Chacun, à un moment donné de sa vie, ressent plus fortement le besoin de sens, l'envie de s'engager pour une cause plus grande que soi : une cause d'intérêt général qui dépasse son intérêt particulier, fait le lien entre l'individu et le collectif, œuvre au service du bien commun.

Parfois, ce sont les aléas de la vie qui poussent à agir. La maladie d'un proche, un accident de la vie conduiront certains à s'engager en rejoignant une association ou en créant une fondation. L'histoire de Valentin Ribet est bouleversante : disparu au Bataclan le 13 novembre 2015, Valentin, jeune avocat, laisse ses parents anéantis. Ils décident de transformer ce chagrin et de faire vivre la mémoire et l'engagement de leur fils en créant une fondation. L'objectif de cette fondation : lutter contre l'illettrisme et l'ignorance en favorisant l'accès à l'éducation et à la culture, encourager l'échange et l'ouverture à l'autre.

L'illettrisme, l'ignorance de l'autre sont les causes qui mobilisent cette fondation. Comme la lutte contre le cancer, la pauvreté ou l'exclusion, le changement climatique, les discriminations… Autant de causes qui méritent toutes nos énergies, sans hiérarchie. Mais ces causes sont en réalité les conséquences, les symptômes d'un phénomène, et, pour agir efficacement, c'est précisément aux causes de ces symptômes qu'il faut s'attaquer : aux causes profondes, aux causes racines.

Agir à la racine des causes

Ainsi, vouloir agir pour une cause contient bien l'idée qu'en réalité, ce sont aux raisons qui la provoquent qu'il faut s'attaquer. Déterminer les liens de causalité pour agir à la racine des causes est le fondement des approches systémiques qu'adoptent un nombre croissant de fondations. Une approche nécessaire pour agir efficacement et durablement, mais également complexe, car les facteurs qui conduisent à une situation sont souvent multiples et imbriqués.

Dans le domaine de l'emploi, par exemple, une approche globale est indispensable. Pour combler le fossé qui sépare les personnes en situation de grande exclusion de l'accès à un emploi digne et pérenne, il faut agir sur plusieurs fronts : logement, santé, formation, accès aux droits... Le programme Convergence, porté par Emmaüs Défi et soutenu par la Fondation de France, consiste à employer les personnes très éloignées de l'emploi en voie d'insertion en déployant un accompagnement global pour leur permettre de se réinsérer durablement. Expérimenté à Paris, il se déploie aujourd'hui dans sept autres territoires, avec cinquante chantiers impliquant mille sept cents personnes.

Agir pour une cause,
c'est agir sur toutes ses causes

Précarité, emploi, inégalités, question migratoire ou transition écologique : les grands défis de notre société sont plus que jamais interdépendants et multifactoriels. La multiplication des crises mondiales ces dernières années nous le rappelle avec toujours plus d'acuité.

Cette approche multicause est au fondement de l'action de la Fondation de France depuis sa création. En transformant les envies d'agir en actions efficaces dans tous les domaines de l'intérêt général, en favorisant le dialogue entre les différents acteurs, en créant des synergies, en expérimentant de nouvelles solutions, elle porte haut l'aspiration d'une action philanthropique ambitieuse, nécessaire et efficace.

Parce que chacun a le devoir de prendre sa part d'intérêt général, quelle qu'en soit la cause.

Charité

« Il est bon d'être charitable, mais envers qui ? C'est là le point. »
Jean de La Fontaine, « Le villageois et le serpent »

■ Matthieu Brejon de Lavergnée
Professeur des universités en histoire contemporaine
à Nantes Université

La charité est un de ces mots fatigués qu'il faut dépoussiérer, disait l'abbé Pierre. Il sent un peu son XIXe siècle et ses dames d'œuvres qui faisaient profession de patronner les pauvres. Personne, aujourd'hui, ne voudrait être taxé de « faire la charité » ! Et pourtant, saisi d'un mélange de pitié, d'impuissance et de mauvaise conscience, qui n'a jamais fait l'aumône d'une pièce au sortir d'une église ou dans une rame de métro ? La charité ne se réduit certes pas à l'aumône, qui serait sa version minimale ; elle peut aussi, dans sa version maximale, exiger la justice et venir en surcroît. Entre les deux, bénévoles et associations caritatives investissent de significations et d'actions un espace multiforme, parfois qualifié de tiers-secteur, qui contribue puissamment au lien social. Allons, il faut prendre la charité au mot !

« Charité » dérive du latin *caritas* qui traduit lui-même plusieurs mots dans la Bible, *'ahavah* en hébreu, *agapè* en grec. Désignant l'amour, il revêt une palette de nuances, mais le christianisme l'a toujours compris comme l'amour de Dieu et du prochain. Il comprend une dimension surnaturelle par laquelle Jésus s'identifie au pauvre, tout ce que vous « avez fait à l'un de ces plus petits de mes frères, c'est à moi que vous l'avez fait ». Ce chapitre 25 de l'Évangile selon saint Matthieu est fondamental pour comprendre l'élan qui a porté le Moyen Âge vers les œuvres de miséricorde, des confréries accueillant les pèlerins aux congrégations religieuses desservant des hôpitaux aussi appelés hôtel-Dieu. On y soignait par charité et l'on recevait les dons au nom de cette même charité. On y faisait même son salut car Dieu était à la fois l'origine et la fin de la charité.

Cette dimension spirituelle, que l'on retrouve aussi dans le judaïsme (*tsédaka*) et dans l'islam (*sadaqa*), ne s'est pas éteinte. Lorsque Mère Teresa, fondatrice à Calcutta (Inde) des Sœurs missionnaires de la charité, reçoit le prix Nobel de la paix en 1979, elle n'hésite pas à rappeler : « Jésus a dit : "J'ai faim, je suis nu, je suis sans abri." En servant les pauvres, c'est Lui que je sers. » La charité a cependant reçu bien des coups : de la réforme protestante qui rejette les œuvres hors de la comptabilité du salut, des États modernes qui enferment les pauvres perçus comme un danger, des Lumières qui promeuvent la philanthropie – l'amour de l'homme au nom de l'homme –, du socialisme qui y voit un instrument de classe, des États providence qui prennent en charge les vulnérabilités de la naissance à la mort, des catholiques eux-mêmes avides de justice sociale à l'heure du tiers-mondisme. Une analyse des encycliques pontificales au xxe siècle montre que le terme « solidarité » tend à remplacer celui de « charité ». Dernier en date, le pape François en tire encore des prolongements politiques, au nom d'un amour « sans frontières ». Le blessé de la parabole du bon Samaritain devient, dans *Fratelli tutti* (2020), le migrant de nos sociétés globalisées.

La charité a pourtant suivi la religion dont elle est issue sur la pente de la sécularisation. Elle prend plus volontiers les couleurs du « caritatif » ou de l'« humanitaire » et se porte bien, hélas sans doute, tant les pauvretés se renouvellent, au plus près comme au plus loin de nous. L'État, qui ne peut tout faire, l'a bien compris par l'incitation fiscale aux dons. Les dons en nature aux associations alimentaires, le don de son temps par le bénévolat, restent par ailleurs importants. Bref, la charité reste un moteur du don !

Choix

■ Béatrice de Durfort
Présidente de Diptic Durfort-Ilutiu Stratégies

« Les hommes ont oublié cette vérité, dit le renard. Mais tu ne dois pas l'oublier. Tu deviens responsable pour toujours de ce que tu as apprivoisé. »
Antoine de Saint-Exupéry, *Le Petit Prince*

Il n'est pas de philanthropie sans choix, mais c'est probablement l'acte le plus difficile et déchirant qui soit pour le philanthrope, celui qui le met le plus à l'épreuve. De ses intérêts et de ses inclinations initiales à l'origine de son engagement philanthropique – souvent mû par des événements extérieurs : décès ou maladie d'un proche, accident de parcours, rencontre marquante, etc. – à la mise en place et la conduite de son projet, le philanthrope est exposé à quantité de choix ardus.

Aussi paradoxal que cela puisse paraître, la philanthropie, c'est l'art de dire non…, parce qu'on ne peut pas tout suivre, tout soutenir y compris dans le champ d'activité que l'on a pu se donner pour mission de servir.

Les philanthropes ou les équipes en charge de véhicules philanthropiques pour une famille, une institution ou une entreprise doivent sans cesse clarifier, préciser l'objet de leur mission, définir les contours de leur engagement, réfléchir les critères d'intervention, les modalités de soutien retenues. Il leur faut définir des stratégies opérationnelles : coups de pouce parfois si essentiels, fonds d'amorçage en faveur d'innovations, soutien à des organisations qui ont démontré leur maturité, appels à projets pour révéler un sujet et favoriser l'émergence de solutions, accompagnement stratégique dans la durée d'un nombre restreint de partenaires choisis, mais aussi choisir de sortir d'un accompagnement qui a prouvé sa fertilité pour aller vers de nouveaux projets, ou encore choisir de coconstruire les projets avec des tiers… Il faut également choisir le type d'impact recherché selon la situation et le bénéficiaire : consolidation, innovation, transformation, essaimage, rupture, voire changement systémique.

Il leur faut évaluer et hiérarchiser les priorités, parfois déplacer les curseurs pour aborder un champ resté dans l'angle mort de la société. Il leur faut choisir leurs partenaires, décider s'ils agissent avec ou en complémentarité de l'action publique, ou au contraire dans les espaces oubliés des politiques publiques, voire pour contrer certaines d'entre elles. Ils doivent réfléchir aux risques qu'ils sont prêts à prendre, financiers, réputationnels, médiation vers des partenaires hostiles à la cause, mobilisation de bénévoles ou salariés…

Choisir est une épreuve de modestie pour ceux qui s'engagent dans la philanthropie, et ce quels que soient les moyens humains, financiers ou en nature dont ils disposent, et facilement une source de frustration pour les tiers « non éligibles » au regard des critères posés, mais c'est aussi la condition d'un accompagnement plus stratégique.

Il leur reviendra donc d'expliciter leurs choix pour les tiers et partenaires et, le cas échéant, d'assumer ce que les choix peuvent avoir de discutable ou conflictuel pour les bénéficiaires ou les différentes parties prenantes. Et il y a nombre de sujets particulièrement difficiles à porter qui demandent discernement, courage et audace.

En s'engageant, le philanthrope engage aussi la société, ne serait-ce qu'au travers de l'abandon de la part d'impôt consentie par l'État au bénéfice de missions d'intérêt général menées : ses choix, il doit pouvoir en rendre compte, il a un devoir à cet égard qui fonde également sa légitimité et l'acceptabilité de son projet philanthropique.

Choisir pour un philanthrope, c'est engager sa responsabilité au regard de la société, mais une fois engagé, on ne peut décemment pas reculer. Est-ce pour cela que trop y renoncent ? Savent-ils seulement combien l'aventure est formidable, source de richesses et de la joie qui en découle ?

Cohésion sociale

■ Laurence de NERVAUX
Directrice de Destin commun

Quelle définition peut-on donner de la cohésion sociale, notion qui fait intervenir une forte dose de subjectivité ? On peut considérer qu'il s'agit de la capacité d'une société à se représenter elle-même comme un tout cohérent, partageant des valeurs et des désirs communs. La cohésion sociale se vit au présent, à travers la solidarité, mais aussi au futur : c'est le désir de regarder ensemble dans une même direction pour se projeter vers demain.

La recherche de la cohésion sociale ne nie pas les différences qui font la richesse d'une société, pas plus qu'elle ne vise à lisser les aspérités. Mais elle est cette quête d'alchimie qui comprend les désaccords et en tient compte pour mieux les transcender.

Regardons la réalité en face : la cohésion de la société française est aujourd'hui profondément menacée. Alors que 61 % des Français considéraient début 2019 que « nos différences ne nous empêchent pas d'avancer ensemble », ce n'était plus que 48 % d'entre eux qui partageaient cette opinion en mars 2023. Ce sont 70 % des Français qui pensent aujourd'hui que notre pays est divisé, et 87 % qui estiment que le « chacun pour soi » l'emporte sur le fait de prendre soin les uns des autres[1].

En cause de cet effondrement du sentiment de cohésion, les réseaux sociaux, d'abord, dont les algorithmes renforcent la polarisation en favorisant les contenus extrêmes. La longue séquence Covid, ensuite, qui nous a éloignés les uns des autres.

1. Chiffres issus d'enquêtes quantitatives menées par Destin commun en population générale auprès d'échantillons représentatifs de la population française de 2 000 personnes ou plus, entre 2019 et 2023.

Selon la sociologue Cécile Van de Velde, les confinements et couvre-feux successifs, en soustrayant à nos yeux la diversité et la précarité, ont amoindri notre capacité d'empathie, fragilisant ainsi la cohésion sociale. Mais c'est aussi l'avènement dans le débat public de courants de pensée de droite et de gauche qui tendent à essentialiser l'identité, faisant ainsi monter en puissance la dangereuse vision du « eux contre nous ».

Quel rôle de la philanthropie pour renforcer coûte que coûte cette cohésion, qui est le préalable à la résolution de tous les grands défis sociétaux contemporains ? On pense d'abord à sa mission sociale : lutter contre les inégalités, développer une éducation de qualité, promouvoir la culture pour tous, lutter contre l'isolement – autant d'actions qui constituent indéniablement le terreau d'une société plus inclusive et plus solidaire. Et les acteurs de la philanthropie, accompagnant une multitude de projets portés par des Français engagés, sont bien placés pour savoir que la vision d'une France divisée, fracturée, archipélisée, est aussi le fruit d'une représentation alimentée par un débat public où la peur fait davantage recette que l'espoir.

Mais en amont des projets soutenus, l'acte de don doit aussi être en lui-même un vecteur de cohésion sociale. À l'heure où la générosité est de plus en plus concentrée entre les mains d'une proportion restreinte de donateurs, il a été démontré que la propension à donner n'est pas seulement corrélée à un plus haut niveau de revenus ou d'éducation, mais aussi à certains systèmes de valeurs, et à une plus forte confiance dans les institutions et envers autrui. Il nous appartient de promouvoir une philanthropie plurielle, qui fasse une place à tous les donateurs et qui contribue à réactiver chez les plus défiants le sentiment d'appartenir à un collectif. La philanthropie doit rassembler des personnes de toutes sensibilités qui veulent regarder dans une même direction : celle d'une société où ce qui nous unit est plus fort que ce qui nous divise.

Collecte

« Celui qui combat peut perdre, mais celui qui ne combat pas a déjà perdu. » Bertolt BRECHT

▪ Antoine VACCARO
Président du Centre d'étude et de recherche sur la philanthropie (CerPhi)

En français, « collecte » est un terme qui désigne l'action de rassembler, de regrouper ou de réunir divers objets ou informations. On peut collecter des vêtements, des signatures, mais aussi des fonds, c'est-à-dire de l'argent. Ainsi, « collecte » est souvent utilisé dans le contexte philanthropique : l'acte de solliciter et de recevoir de l'argent de donateurs.

Le verbe latin *colligere* (« rassembler », « réunir ») est la racine des mots « collecte », « récolte » et « cueillette ». La récolte désigne principalement des produits agricoles, mais les Italiens l'utilisent aussi pour parler des dons philanthropiques. La cueillette, elle, consiste à ramasser des plantes, fleurs et autres produits que nous offre la nature. Une différence importante oppose logiquement la collecte ou récolte à la simple cueillette : la notion de semer avant de pouvoir prélever !

Une idée reçue dans le monde associatif laissait ainsi à croire qu'il suffisait de se baisser pour recueillir des dons, à l'image du cueilleur. L'important, c'était d'agir sur le terrain : l'argent suivrait. Cette croyance a été catégoriquement battue en brèche.

L'introduction du marketing direct, au milieu des années 1970, a démontré de façon magistrale que la générosité irait à ceux qui sauraient la solliciter.

Plus récemment a émergé l'expression « levée de fonds » qui est en fait une traduction du terme anglais *fundraising*, utilisé internationalement – sous l'influence des professionnels anglo-américains – pour désigner l'action de collecter de l'argent pour soutenir une cause, un projet ou une organisation.

Les professionnels français l'ont adoptée pour deux raisons :

- sa versatilité, car elle peut s'appliquer aux dons individuels, aux subventions, à la sponsorisation d'événements, etc. ;
- son attractivité, car le mot « levée » suggère une action ascendante, positive et proactive. Cela donne l'impression que l'organisation fait des efforts pour atteindre ses objectifs financiers en faveur de la cause soutenue.

Mais « levée de fonds » pose problème car l'expression est utilisée dans de nombreux contextes : philanthropie, mais aussi campagnes politiques, démarrage ou croissance d'entreprises, ce qui en fait un terme fourre-tout, alors que « collecte de fonds » renvoie principalement à son caractère philanthropique.

Si « collecte » peut paraître plus désuet que « levée » de fonds, sa mise en œuvre nécessite un travail préparatoire significatif, un soin apporté à préparer le terrain avant de pouvoir récolter les fruits de cet effort.

L'ensemencement, pour filer la métaphore agricole, peut prendre plusieurs formes. Il peut s'agir de sensibiliser le public à la cause que l'on défend, de construire une relation de confiance avec les donateurs potentiels, de planifier et d'organiser la campagne de collecte, ou encore de mettre en place les outils nécessaires pour faciliter les dons.

Une fois le terrain correctement préparé, la collecte des dons peut commencer. C'est une période intense qui nécessite un suivi attentif, une communication claire et constante avec les donateurs, ainsi qu'un travail continu pour maintenir l'élan de la campagne. Il faut savoir inspirer, motiver et engager les personnes pour qu'elles y participent.

La collecte de fonds ne se limite pas à compter les dons recueillis. Il s'agit d'engager et d'entretenir un dialogue, de remercier les donateurs, de les récompenser et de leur montrer comment leur contribution fait une différence, de leur rendre compte de l'utilisation des fonds et de continuer à nourrir la relation pour de futures initiatives.

La collecte de dons est un cycle, un processus : semer, collecter et surtout « recollecter ». Et comme pour toute culture, les résultats obtenus dépendent en grande partie de la qualité du soin apporté à chaque étape de ce processus.

Combat

■ Serge Barcellini
Contrôleur général des armées (2s)
et président général de l'association Le Souvenir français

Qu'est-ce que la philanthropie ? Selon la définition qui en est communément donnée, il s'agit d'un sentiment qui pousse les hommes à venir en aide aux autres. Combattre pour enraciner la mémoire – ce que l'on définit plus simplement comme le travail de mémoire – s'inscrit aussi dans la philanthropie.

Combattre pour la mémoire, c'est inscrire le destin de chaque individu dans un destin plus large. Le « Mort pour la France » a vu son destin personnel basculé dans celui plus large de la nation ; le « Mort en déportation », dans le destin plus large de celui de l'humanité. Combattre pour faire vivre ces destins individuels, c'est d'abord se mobiliser pour que ne disparaissent pas leurs tombes.

Cinq cent mille morts pour la France sont inhumés dans des tombes familiales.

Or une tombe familiale ne dure que le temps d'une concession et, lorsque celle-ci prend fin, le corps du combattant rejoint l'ossuaire anonyme communal. Il en est de même pour les Justes, ces citoyens qui ont sauvé tant de familles juives et dont les tombes disparaissent également. Sauver ces sépultures est un combat essentiel, car elles sont appelées à devenir demain, encore plus qu'aujourd'hui, des étapes d'un parcours de mémoire que les jeunes des écoles de France arpenteront.

Combattre pour faire vivre ces destins individuels, c'est les inscrire dans la transmission entre les générations. Être français, c'est partager une mémoire commune. Ce partage est au centre des activités de transmission. Si l'école est le lieu central de cette transmission, si l'enseignant, et plus particulièrement le professeur d'histoire, en est l'acteur essentiel, l'activité de transmission nécessite la mobilisation de la société civile, et plus particulièrement des associations.

L'ambition d'un combat mémoriel peut se résumer en deux ardentes obligations – aucun jeune ne devrait quitter son temps de scolarité sans être allé visiter au moins un lieu de mémoire, ni sans avoir participé à, au moins, une cérémonie patriotique. Des obligations dont nous sommes, aujourd'hui, bien éloignés.

Combattre pour faire vivre les destins individuels, c'est enfin comprendre que l'individu n'est rien sans la société dans laquelle il vit. Que l'individu est acteur de sa propre histoire et acteur de l'histoire qui se construit au quotidien.

Nos soldats magnifient la philanthropie, responsables de nos vies au péril de la leur. Ils protègent la Nation et la société dans laquelle nous vivons pour nous permettre de vivre en paix. Combattre pour leur mémoire, c'est combattre pour le temps présent, mais c'est encore plus combattre pour l'avenir.

Commun(s)

▪ Charles-Benoit Heidsieck
Président et fondateur du Rameau[1]

Le 25 septembre 2015, lorsque les 193 États membres des Nations unies signent à l'unanimité l'Agenda 2030 des objectifs de développement durable, ils fixent le premier agenda systémique mondial pour tous les acteurs, dans tous les domaines, sur tous les territoires. Ils se sont donné quinze ans pour réussir ce défi pour tous. Dans leur sagesse, les pays du Sud ont obtenu l'ajout d'un 17e objectif qui peut se résumer par : « Comment allons-nous inventer ensemble ce qu'aucun d'entre nous ne saurait faire seul ? »

À la même époque en France, le rapport *Intérêt général : nouveaux enjeux, nouvelles alliances, nouvelle gouvernance*[2] invite à se questionner sur les moyens d'activer les trois leviers de l'intérêt général : la gestion régulatrice, l'action collective transformatrice et la vision partagée. Dès lors la question est devenue : quelle contribution respective de chacun au « faire société » ? Si l'intérêt général est l'apanage de l'acteur légitimement choisi

1. Après dix-sept ans de recherche empirique, Le Rameau a publié en octobre 2023 le livre *Commun(s) : discours de la méthode. Vers le pari de la confiance.*
2. H. Allier et C. B. Heidsieck, *Intérêt général : nouveaux enjeux, nouvelles alliances, nouvelle gouvernance*, Le Rameau, novembre 2015.

pour garantir l'équilibre entre tous – autrement dit, dans une démocratie, l'institution représentative –, le « commun » est la réponse que chacun est capable d'apporter pour y contribuer activement. Le sens même du 17e objectif de développement durable se trouve donc dans une capacité d'actions et d'interactions entre les garants de l'intérêt général et les acteurs du commun qui en inventent le renouvellement. Cette articulation est nouvelle, et à faire émerger.

Comment se traduit le « commun » ? En reprenant les trois dimensions de l'intérêt général – gestion, action et vision –, il est possible d'en donner trois définitions complémentaires : la gestion des communs, la coconstruction du bien commun, et la (re)découverte de notre lien commun.

La « gestion des communs » est la dimension la mieux connue, depuis le prix Nobel d'économie attribué à Elinor Ostrom pour ses travaux sur la gouvernance des communs en 2009. Il s'agit de définir les règles d'accès, d'usage et de partage de la richesse issue d'un bien considéré comme appartenant à tous (l'eau, l'air, la nature…). Cette dimension se traduit notamment en question juridique et légale, ainsi qu'en modalités de gouvernance. L'exemple emblématique aujourd'hui est celui de l'eau[1], devenue l'enjeu majeur du XXIe siècle.

La deuxième dimension concerne celle de l'« agir en commun » qui peut se qualifier de « coconstruction du bien commun ». Dans ce cas, il ne s'agit pas tant de cogérer que d'associer des capacités d'actions différentes pour inventer ensemble ce qui ne serait pas possible sans les différentes composantes impliquées. La question est alors celle du processus

1. Voir webinaire « CAP 2030 vers l'ODD 6, de nouveaux modèles pour l'eau », https://trajectoires-socio-economiques.odd17.org/.

d'innovation collective, et de la capacité à associer des univers de référence très différents[1]. Le meilleur exemple en France est celui de l'AFM-Téléthon qui a réussi à inventer la « médecine de demain », là où tous pensaient il y a encore quelques décennies que les maladies neuromusculaires étaient trop complexes pour être traitées[2].

Enfin, la troisième dimension du « commun » est celle de ce qui nous unit malgré – ou plutôt grâce à – nos différences. Il s'agit alors de (re)découvrir le « lien commun » qui nous rassemble. Dans l'histoire, ce peut être pour un « bien » ou face à un « péril » qui eurent un effet suffisant pour lever les inerties. Passer de « soi » à l'« entre-soi » est déjà une étape, mais celle de l'« entre-soi » à l'« entre-tous » est un saut quantique plus difficile à accepter, surtout en temps d'incertitudes et de crises successives.

Aujourd'hui, la question n'est pas tant de « choisir » sa dimension du « commun » que d'apprendre à les articuler en fonction des enjeux, des profils d'acteurs et des temporalités observées. C'est le sens de la démarche « intérêt général 2050 ». Elle invite à travailler dans une triple dimension temporelle : dix-huit mois, sept ans et vingt-huit ans pour y parvenir[3]. Bonne introspection pour définir votre chemin !

---

1. Voir guide *L'Investissement sociétal en actions*, AG2R La Mondiale/Le Rameau, octobre 2018.
2. Voir vidéo « Qu'est-ce qu'une vision ? », Fondation Pierre Bellon, interview : www.youtube.com/watch?v=b6KEgzNa0xI.
3. *Cf.* note « Ensemble, inventons 2050, www.lerameau.fr/wp-content/uploads/2023/11/FCCBC-EnseignementCheminementCollectif-InteretGeneral2050-vf.pdf.

Comptabilité

▪ Pierre MARCENAC
Expert-comptable honoraire

Construite en France à partir des règles fiscales, la comptabilité a progressivement évolué, sous l'influence des normes internationales et notamment anglo-saxonnes, vers une comptabilité de gestion.

Il est intéressant de rappeler que cette évolution, en France, a été accélérée par le constat de la non-valorisation de personnel tel que le travail des infirmières religieuses (établissements de santé), qu'il a bien fallu évaluer lors de leur propre départ en retraite.

Le bénévolat et les mises à disposition de personnel, de biens, de marchandises ont donc été progressivement bien identifiés et constituent désormais des contributions volontaires et doivent être traduits dans les comptes annuels pour respecter l'« image fidèle » de l'information financière.

L'image fidèle (*true and fair view*) est issue d'une notion anglo-saxonne reprise dans les textes européens et nationaux. Le pragmatisme anglo-saxon de la notion *true and fair view* peut se définir comme une « vision réelle et loyale » de ce qu'est l'association ou la fondation.

Le concept d'image fidèle s'appuie sur deux principes essentiels : la règle *substance over form* et la règle d'importance relative.

La règle *substance over form* est celle qui renseigne sur la réalité des faits, des événements ou des circonstances. Il ne suffit donc pas de renseigner sur ce qui paraît, il faut renseigner sur ce qui est effectivement vécu.

La règle d'importance relative nécessite quant à elle d'identifier tout fait susceptible d'exercer une influence sur le jugement des lecteurs des comptes annuels.

La vision réelle de l'association ou de la fondation, c'est d'identifier tous les moyens qui sont nécessaires à son activité, que ces moyens soient payants ou gratuits. Par conséquent, il ne faut pas se contenter d'appréhender seulement les mouvements financiers qui vont faire l'objet d'enregistrements comptables, il faut identifier aussi les « contributions volontaires », c'est-à-dire les actes par lesquels une personne physique ou morale apporte à une autre personne un travail, des biens ou autres services à titre gratuit.

En d'autres termes, il s'agit de la prise en compte de la prééminence de la réalité sur l'apparence, et de l'évaluation de ces contributions volontaires : le bénévolat, le mécénat de compétence, les mises à disposition de biens meubles ou immeubles, les dons en nature redistribués ou consommés en l'état par l'association ou la fondation.

Comment, en effet, comparer deux associations ayant une même activité, l'une bénéficiant de la mise à disposition gratuite de personnel et l'autre devant salarier le personnel ? De quelle façon évaluer les coûts des structures de deux associations, l'une disposant gracieusement de biens immobiliers, l'autre payant un loyer ?

La traduction dans les comptes annuels des contributions volontaires a été évolutive. Dans un premier temps, il était prévu une approche structurée en trois niveaux d'informations possibles : 1er niveau, information qualitative dans l'annexe ; 2e niveau, renseignements quantitatifs dans l'annexe ; 3e niveau, inscription en comptabilité dans le compte de résultat.

Aujourd'hui, et depuis 2020, la comptabilisation des contributions volontaires est obligatoire.

La comptabilisation nécessite une information quantitative vérifiable et valorisable conformément aux règles comptables. De ce fait, il est indispensable que l'association ou la fondation se dote d'outils pour collecter l'information comme des fiches de suivi des temps, ou, si l'on prend l'exemple des banques alimentaires, des fiches de gestion des stocks, et qu'elle détermine les règles de valorisation au prix de revient et non au prix de vente.

La prise en compte des contributions volontaires vise plusieurs objectifs tant au regard de l'établissement des comptes annuels, de la relation avec les financeurs, du modèle économique et financier que de l'importance du bénévolat et du mécénat de compétence.

Le bénévolat, richesse du monde associatif et élément important des contributions volontaires, se trouve ainsi valorisé, en donnant une image fidèle de l'information financière.

Compte de résultat par origine et destination (CROD)

▪ Rémy Serrouya
Directeur administratif et financier de la Fondation du Judaïsme Français

Depuis l'année 2020, les organismes qui font appel à la générosité du public et qui collectent plus de 153 000 euros de dons ont l'obligation de présenter, en plus des documents comptables usuels, un… CROD !

Que se cache-t-il derrière ce nom barbare qui donne des sueurs froides aux comptables encore non initiés chargés de son élaboration ?

Jusque-là, la lecture des documents administratifs n'était intelligible que par un cercle restreint de professionnels. L'avènement du CROD (compte de résultat par origine et destination) a permis de vulgariser l'information comptable et de présenter aux donateurs les éléments financiers essentiels, adaptés à l'activité associative. Ce faisant, le CROD participe à la transparence financière de l'association et permet d'instaurer un climat de confiance avec les donateurs, les futurs donateurs et les parties prenantes.

Véritable tableau de bord, le CROD présente, sous un format analytique, les dépenses et les ressources de l'association, comme les donateurs l'avaient rêvé ! Grâce à ce document, il est désormais possible de visualiser, directement, l'origine des fonds reçus et leur utilisation. Les dépenses sont ventilées par nature : montant des actions sociales menées en France et à l'étranger ; montant des frais de recherche de fonds ; et, bien sûr, chiffre très convoité, le montant des frais de fonctionnement de l'association !

À partir du CROD de nombreux ratios peuvent rendre compte rapidement de l'activité de l'association, comme le pourcentage des actions sociales réalisées par rapport aux dons reçus ou encore le poids des dons reçus qui sont alloués aux frais de fonctionnement ou aux frais de publicité.

En comparant les CROD de plusieurs associations, le donateur dispose maintenant (enfin) d'indicateurs pertinents qui vont lui permettre de piloter au mieux sa philanthropie en sélectionnant les associations qui utiliseront de façon adéquate les dons et les legs qu'il souhaite leur confier !

Avec le bilan, le compte de résultat et le CER (compte d'emploi ressources), le CROD complète désormais la documentation comptable pour former un ensemble cohérent qui permet à l'association de rendre compte de son activité globale et de mettre en évidence les opérations qui se rattachent à la générosité du public.

Confiance

■ Rachel GUEZ
Directrice générale du Don en confiance

L'étymologie de « confiance », *confidere*, transcende la simple foi ou croyance pour s'ancrer dans l'optimisme et l'engagement. La notion de confiance évoque le courage, l'audace nécessaires pour placer sa foi en autrui. C'est une manifestation d'optimisme, une croyance en la fiabilité et l'intégrité d'une personne ou d'une institution. Et le fondement de tout engagement, car elle suppose l'exercice de la volonté.

Alain Peyrefitte, dans ses réflexions sur la confiance, la perçoit comme un élément clé de la cohésion sociale. Condition préalable à toute forme de coopération sociale, la confiance favorise la collaboration et est essentielle à la stabilité des relations humaines.

La vision du philosophe allemand Hegel enrichit cette perspective en considérant la confiance comme un catalyseur du progrès social. En effet, à travers la dialectique du maître et de l'esclave, Hegel soutient que la confiance mutuelle entre individus est cruciale pour la reconnaissance réciproque et le développement de la liberté individuelle. Cette reconnaissance crée une interdépendance sociale, où la confiance devient le socle sur lequel reposent les institutions et les normes sociales.

En considérant la confiance comme une force motrice de l'action sociale, on comprend aisément à quel point elle est essentielle dans le monde de la philanthropie. Enracinée dans l'action, la confiance est un élément déterminant des relations entre les acteurs de l'intérêt général : entreprises, mécènes ou donateurs offrent du temps, de l'intelligence, de l'argent ou des biens. *Via* ces dons, ils donnent mandat aux organisations bénéficiant de leur générosité pour mener des actions ayant un impact positif sur la société. Cette mécanique embarque les philanthropes et les associations ou fondations pour en faire des parties prenantes, des partenaires. Elle fonde la conviction que la confiance mutuelle est essentielle pour des relations durables en général et pour renforcer l'impact de l'action associative.

La confiance, enracinée dans l'audace et l'optimisme, émerge comme un pilier fondamental de la coopération sociale et du progrès. Alain Peyrefitte et Hegel convergent dans leur reconnaissance de la confiance comme force propulsive dans les relations humaines et sociales. Cette compréhension façonne la vision moderne des organisations, mettant en avant la responsabilité sociale et la collaboration pour un nouveau paradigme économique, où la confiance est le maître-mot de l'impact durable.

Depuis trente-cinq ans, Le Don en confiance préserve et nourrit la confiance des donateurs *via* sa charte déontologique. Le respect de cette charte, condition d'obtention du label Don en confiance, assure la bonne utilisation des dons et est contrôlé par des bénévoles. Leur expertise et le suivi régulier des organisations permettent un accompagnement dans une démarche d'amélioration continue selon une déontologie en évolution. Les réflexions déontologiques actuelles intègrent les notions de parties prenantes et de durabilité, avec un focus sur la responsabilité sociétale de l'entreprise (RSE).

Enfin, si à l'origine la confiance recherchée était celle placée par les donateurs dans les organisations qu'ils choisissent de soutenir, l'émergence des transactions en cryptomonnaies pose de nouveaux défis de transparence sur l'origine des dons et soulève aujourd'hui la question de la confiance réciproque entre donateurs et organisations. Le Don en confiance accompagne les organisations dans ces réflexions, adaptant toujours ses principes aux mutations sociétales.

■ Myriam Revault d'Allonnes
Philosophe

« Je crois que toute notre vie nous avons besoin d'être rassurés de notre capacité d'exister. » Cette phrase de Paul Ricœur, livrée lors d'un entretien à France Culture en 2002 à propos de la confiance, résonne étrangement dans le temps de défiance généralisé qui est le nôtre. Car ce qui triomphe dans nos sociétés contemporaines, ce sont les crises de confiance : nous nous défions du pouvoir en place et de ses représentants, des institutions, des « élites », du savoir scientifique, de ses expertises et même de sa démarche. Le complotisme et les *fake news* prolifèrent, ébranlant la confiance dans la « vérité ». Et pourtant la confiance est une condition essentielle de toute vie sociale : elle n'est pas seulement une affaire individuelle (« avoir confiance en soi ») mais elle tient à l'existence de relations avec les autres. Pour avoir confiance en soi, il faut avoir confiance en l'autre.

Le verbe « confier » vient du latin *confidere* : *cum* (« avec ») et *fidere* (« fier »). Il indique qu'on remet à quelqu'un quelque chose de précieux, qu'on se fie à lui parce qu'on lui fait « crédit », qu'on compte sur sa bonne « foi ». Le réseau sémantique auquel appartient la « confiance » signale d'emblée que la relation à l'autre est primordiale et que la capacité à créer des liens est la condition de l'assurance de soi et en soi. Elle s'atteste d'abord dans l'institution du langage, dans l'échange des paroles, à travers ses formes les plus élémentaires. Lorsque nous nous parlons les uns aux autres, dans la vie courante, nous présupposons tacitement que cet échange se base sur une certaine « vérité » et que l'autre est au moins digne de confiance. S'il en était autrement, le langage commun ne serait même pas possible et la société se désintégrerait.

Cela ne signifie pas pour autant que la confiance doive être absolue ou aveugle. Faire confiance, ce n'est pas être crédule, cela ne nous dispense pas de l'exercice de la raison et de l'esprit critique. Mais, encore une fois, cet exercice lui-même présuppose une confiance implicite (une sorte de parti pris ou de « pari » en amont si l'on préfère) dans un certain usage réciproque de la raison, du dialogue et de la vérité. En ce sens, elle déborde la relation interpersonnelle et elle se trouve au cœur de la vie en commun. Elle est donc le socle implicite de toute vie sociale.

Mais on ne peut se contenter d'une vision irénique et naïve ; la confiance – si fondamentale soit-elle – est fragile : la promesse et la parole données peuvent être trahies, les engagements sont loin d'être toujours honorés et l'institution à laquelle on donnait crédit manque parfois à ses obligations. La confiance – qui soutient tout rapport humain – est constamment menacée par la duplicité, le revirement, le mensonge, bref par toutes les figures de la défaillance. La confiance risque ainsi à tout moment de basculer vers deux penchants apparemment antagonistes mais qui sont en réalité les deux faces d'une même médaille : la crédulité la plus extrême ou la défiance généralisée. Car, dans les deux cas, on voudrait que la confiance nous permette de jouir d'une assurance ou d'une garantie totales. Or la finitude humaine, que ce soit au niveau des rapports individuels ou des institutions, interdit une telle certitude. Nous sommes des êtres faillibles (c'est ce qui fait notre humanité) et l'altérité est un risque. « Pouvoir promettre, c'est aussi pouvoir rompre sa parole » (Paul Ricœur, *Parcours de la reconnaissance*, 2004). Mais ce risque ne détruit pas la possibilité de la confiance, il la rend au contraire désirable et en fait la condition de toute capacité. Il faut donc penser la confiance comme une notion complexe, en tension permanente : vecteur de notre autonomie, de notre responsabilité et de notre « pouvoir-faire », elle est en même temps teintée d'incertitude, menacée et fragile.

Contrôle

■ Sylvie Hubac
Présidente de la section de l'intérieur du Conseil d'État

Les mots « contrôle » et « philanthropie » ne font pas naturellement bon ménage. À première vue, tout paraît les opposer : quand l'un évoque la surveillance, la suspicion, la sanction, l'autre convoque la liberté, la confiance, la conviction. Le contrôle est pourtant l'allié de la philanthropie. Destiné à veiller au respect des lois, règlements et principes régissant le secteur, à vérifier que l'organisme collecteur des fonds fonctionne régulièrement, de manière transparente et désintéressée, que le don a bien servi à financer l'intérêt général en cause, le contrôle soutient la clé de voûte de la philanthropie : la confiance. Il est, pour l'organisme collecteur, une assurance contre le risque réputationnel qui peut être mortel. Pour le donateur, une garantie de bon usage de son argent sans laquelle le geste de générosité peut être arrêté dans son élan. Le contrôle est ainsi au service d'une éthique de la philanthropie sans laquelle celle-ci ne tiendrait pas debout.

Le contrôle de l'écosystème de la philanthropie en France produit-il la confiance que l'on attend ainsi de lui ?

Ce contrôle est principalement exercé par la puissance publique en application de textes nombreux, éparpillés dans diverses législations et souvent spécifiques à un type de mode d'intervention, si bien qu'il est difficile d'en faire une synthèse. Pour simplifier, on dira que le contrôle intervient à différents moments du cycle de vie des opérateurs du secteur, selon des intensités variables, principalement dictées par les statuts de l'opérateur quand tous pourtant bénéficient d'un régime fiscal privilégié.

Contrôle à la naissance d'abord, le plus poussé étant celui qui s'applique aux fondations reconnues d'utilité publique, créées par décret en Conseil d'État au terme d'une instruction approfondie de chaque statut particulier et de sa compatibilité avec des statuts types – le même régime s'applique aux associations reconnues d'utilité publique –, le moins formalisé étant celui applicable aux fonds de dotation, dont la création fait l'objet d'une simple déclaration en préfecture. La dissolution de ces structures suit le même formalisme que leur création.

En régime de croisière annuelle, les acteurs de la philanthropie doivent adresser à l'administration, et dans certains cas publier au *Journal officiel*, leur budget, leurs comptes, le montant total des dons reçus et des reçus fiscaux délivrés ainsi que, pour les fondations d'entreprise et les fonds de dotation, leur rapport d'activité. Des formalités particulières sont requises si les fonds collectés sont supérieurs à 153 000 euros. Lorsqu'ils font appel à la générosité publique, les opérateurs doivent préalablement le déclarer en préfecture et, à l'issue de l'opération, fournir un compte d'emploi des ressources collectées. En cas d'irrégularité constatée, les services de l'État peuvent mettre en œuvre des procédures de sanction (suspension des avantages fiscaux, retrait de l'utilité publique). Dans le cas des fondations, la tutelle est internalisée dans la mesure où des représentants de l'État siègent à leurs conseils.

Les acteurs de la philanthropie font ainsi face à une pluralité d'obligations et de contrôleurs – Conseil d'État, Cour des comptes (en cas d'appel à la générosité publique), ministère de l'Intérieur à l'échelon central et à l'échelon préfectoral, services fiscaux, services d'inspection, contrôle général économique et financier… – qui peuvent chacun avoir leur logique propre. Pour autant, les obligations déclaratives semblent souvent méconnues et les sanctions sont extrêmement rares. Au total, les avis des observateurs se rejoignent pour dire que le contrôle public de la philanthropie en France, il est vrai rendu difficile par la multiplication des acteurs et l'empilement des statuts, est morcelé et non coordonné – ce qui en limite la portée alors même que l'État dispose de pouvoirs étendus –, sans réelle valeur ajoutée, trop lourd ou trop distant selon les cas, sans traduire une vision d'ensemble de l'intérêt général. Il n'est donc pas certain que ce contrôle externe soit producteur de confiance.

Peut-être est-ce ce constat qui a conduit le secteur à développer ses propres outils de contrôle interne (cartographie des risques, charte de bonnes pratiques, comité des donateurs…) et d'audit externe, certains labels faisant aujourd'hui autorité pour garantir au public une bonne utilisation des dons reçus et une gestion rigoureuse (Don en confiance et IDEAS) ?

L'un des enjeux, pour la puissance publique, est de redonner à l'expression « contrôle de la philanthropie » son sens et son utilité. Élaborer un manuel du contrôle qui rassemblerait les textes après les avoir harmonisés et simplifiés et qui expliciterait leurs modalités d'application serait un premier pas. Plus ambitieux serait, comme plusieurs rapports l'ont suggéré, de doter le secteur d'une instance de régulation destinée à mieux le connaître, à mieux l'évaluer et à mieux le contrôler (données statistiques, portail unique des formalités déclaratives, rapport annuel sur le secteur…), afin de construire et conduire une politique publique de la philanthropie éclairée, concertée et ambitieuse.

■ Pierre Moscovici
Premier président de la Cour des comptes

Évoquer « les contrôles » de l'action caritative, au pluriel, implique nécessairement de souligner leur multiplicité. Ces contrôles sont nombreux et de divers ordres. Ils sont réalisés par la Cour des comptes, mais aussi par d'autres corps d'inspection, par le Conseil d'État en matière de reconnaissance de l'utilité publique et par les administrations pour le respect de certaines règles fiscales et d'ordre public, chacun dans son champ de compétences.

Le champ du contrôle de la Cour, tel que défini par la loi, est spécifique : il s'agit de la conformité de l'emploi des dons aux objectifs annoncés. Le secteur de l'action caritative bénéficie d'une exceptionnelle confiance de la part de nos concitoyens, et il est essentiel que celle-ci perdure. Dans ces conditions, il est naturel que les engagements pris pour l'utilisation de leurs dons soient scrupuleusement respectés. C'est précisément en raison de la détection, dans le passé, de cas emblématiques d'utilisation des dons à d'autres fins que cette compétence de contrôle a été attribuée à la Cour par la loi voilà plus de trente ans. Elle résulte également de la déduction fiscale particulière dont bénéficient les dons du public, et qui représente un coût pour le budget de l'État. Cette action est coordonnée avec l'ensemble des autres intervenants en la matière.

Néanmoins, ce contrôle de la « conformité aux objectifs » se distingue de celui de droit commun exercé par la Cour des comptes sur les organismes publics, fondé quant à lui sur la notion de « bon emploi des deniers publics ». Dans le cas général, la Cour fonde son appréciation sur l'efficacité, l'efficience, et la pertinence des objectifs poursuivis. S'agissant d'organismes philanthropiques de droit privé, créés au titre de la liberté d'association, le contrôle est davantage ciblé sur la vérification de l'action effective de l'organisme, le niveau maximum acceptable des frais de collecte et de fonctionnement, la qualité de l'information délivrée au public, la mise en place de mécanismes destinés à éviter les conflits d'intérêts… En un mot, sur tout ce qui garantit au citoyen que son don est utilisé au service de la cause qu'il souhaite défendre et non en faveur d'intérêts particuliers.

La Cour des comptes a pleinement investi cette nouvelle mission. Depuis trente ans, elle a établi 77 rapports sur des organismes de statuts et de tailles divers, soutenant diverses causes. Les organismes contrôlés sont sélectionnés selon une analyse multicritère – combinant une approche par les risques, une appréciation des revenus financiers et la volonté de couvrir tous les champs d'activité. La grande majorité des acteurs de taille significative ont été contrôlés, puisque sur les 53 organismes ayant collecté plus de 10 millions d'euros auprès du public en 2022, 35 ont déjà été contrôlés au moins une fois par la Cour, parfois davantage. De nombreux acteurs de taille plus modeste ont aussi été vérifiés. Si la Cour n'a jugé « non conforme » l'emploi des fonds qu'à cinq reprises, elle a émis des réserves dans un tiers des cas, et presque toujours formulé des recommandations d'amélioration.

La Cour des comptes n'a cependant pas pour vocation d'« épingler » ni d'« étriller » – *a fortiori* dans les secteurs de l'action caritative et de la philanthropie. Le rôle et le souhait de la Cour, c'est avant tout d'accompagner et de soutenir de façon constructive celles et ceux qui concourent à l'intérêt général. C'est à l'aune de ce souci pédagogique que l'ensemble des contrôles réalisés en ce domaine ont été rendus publics, et ce dès l'origine. C'est dans ce même souci que le législateur a souhaité la publication, tous les deux ans, d'un rapport de synthèse dans ce domaine adressé au gouvernement et au Parlement.

Un tel rapport de synthèse donnera aux acteurs un document de référence présentant la grille de lecture de la Cour des comptes dans ses contrôles, ainsi que les lignes directrices issues de ces derniers, qui ont également vocation à diffuser certaines bonnes pratiques. Il sera aussi l'occasion pour la Cour de faire des propositions, afin d'assurer la cohérence du dispositif de contrôle et d'affermir, le cas échéant, le dispositif de sanctions. L'attitude des juridictions financières est toujours constructive, mais il n'est pas de contrôle ni de confiance sans mécanisme de sanction efficace et proportionné.

La Cour des comptes assure ainsi pleinement sa mission de contrôle des organismes sans but lucratif, qui expriment un idéal, celui de faire participer chacun à un destin collectif.

Elle est un tiers de confiance qui atteste du bon usage des fonds versés. Elle a aussi un rôle d'accompagnement des associations, des organisations qui œuvrent au profit de l'intérêt général, des fondations. Ces organismes sont la manifestation d'une citoyenneté active qui met au cœur du pacte républicain l'acte fondamental du don.

Culture

« La vraie culture allie presque toujours une subtilité infinie à la naïveté de l'enfant. » John Cowper Powys

▪ Françoise Benhamou
Économiste et professeure des universités

Le mécénat fut culturel avant d'embrasser d'autres causes ; il s'agissait pour Caius Maecenas, dans la Rome du Ier siècle avant l'ère chrétienne, de soutenir les artistes et les poètes. Le champ de la culture est aujourd'hui vaste, englobant, d'un côté, le patrimoine, les beaux-arts et le spectacle vivant, domaines auxquels le mécénat est le plus enclin à s'intéresser, et, d'un autre côté, les industries culturelles (édition de livres, musique enregistrée, cinéma, jeux vidéo), ainsi que les médias (télévision, presse, radio), qui sont plus rarement l'objet de dons.

Les premières recherches en économie de la culture ont montré que le financement du spectacle vivant ne pouvait être assuré par les seules recettes de billetterie, sauf à accroître les prix inconsidérément[1]. En effet, parce qu'un quatuor à cordes

1. William J. Baumol et William Bowen, *The Performing Arts : The Economic Dilemma*, The MIT Press, 1966.

requiert le même nombre de musiciens au fil des siècles, il est impossible de tabler sur des gains de productivité, et le coût relatif du spectacle augmente dans le temps. Il s'ensuit une dépendance vis-à-vis des aides publiques ou du don. De même, les musées et le patrimoine, ainsi que les activités qui leur sont liées (restauration, expositions, agrandissement, etc.), requièrent des financements issus du mécénat. Dans le cas des industries culturelles, le don va à des produits de niche, telles l'édition de beaux livres ou la sauvegarde de films de patrimoine.

Le mécénat culturel a évolué dans le temps et selon les pays, avec des moments particulièrement forts et emblématiques comme dans l'Italie de la Renaissance. Il relève de la tradition aux États-Unis, où l'idée prévaut chez le donateur qu'il faut rendre à la collectivité une part de ce qu'elle lui a donné et qui lui a permis de s'enrichir. C'est ainsi que les musées d'universités ont pu voir le jour à partir des donations effectuées par d'anciens étudiants. Plus généralement, c'est à partir de collections privées et des dons de particuliers que les grands musées américains ont été fondés. La plupart des organisations culturelles y sont dites d'« utilité publique » (*public charities*) et pratiquent la levée de fonds.

Cette conception de la culture est bien moins ancrée dans la psyché nationale en France où le ministère de la Culture est pensé comme ayant vocation à compléter (et parfois à remplacer) le financement de la culture par ceux qui la consomment. Si le mouvement a pris de l'ampleur avec la vogue des fondations, le tassement de l'effort public en faveur de la culture et l'évolution des mentalités à l'endroit du mécénat, on constate qu'en France la culture, après avoir été en tête des dons jusqu'à l'aube des années 2000, se voit dépassée par le domaine du social.

Une triple problématique se pose en matière de générosité dans le secteur culturel. Le risque de dépendance traverse les institutions, même si le mécénat ne dépasse que rarement 10 % du budget des institutions françaises les plus prestigieuses : 7 % du budget, soit 13,3 millions d'euros en 2022 pour le château, le musée et le domaine national de Versailles (mécénat financier et de compétence), 14 % du budget de l'Opéra-Comique la même année (soit 3 millions d'euros) grâce à d'exceptionnelles levées de fonds (rapports annuels d'activité, 2022). Pour des institutions de moindre notoriété, l'appel à la générosité demeure aléatoire. La deuxième problématique est celle de la concurrence avec d'autres causes, et entre les secteurs culturels. La troisième porte sur le traitement du don dans le champ culturel, qui oscille entre complément et substitut de l'argent public, suscitant des inquiétudes de la part des acteurs du secteur.

Un nouvel équilibre entre argent privé et public est appelé à se dessiner, certes lentement, au terme duquel la générosité viendrait prolonger ou compléter l'effort public.

D

Définiscalisation

▪ Jean-Claude MARTY
Commissaire aux comptes et associé chez Deloitte

Les dispositifs de défiscalisation visent à accorder une réduction d'impôts au contribuable au titre d'une dépense affectée à un objet défini. Au cas particulier de la générosité et des dons, les dispositifs concernent des libéralités, dons, donations ou mécénats, consentis à un organisme à la gestion désintéressée mettant en œuvre un objet et des missions d'intérêt général. Le terme recouvre des dimensions politique, juridique, administrative, technique, dont les incidences financières inhérentes sont essentielles à l'atteinte de l'objectif recherché.

Ces dispositifs résultent d'une volonté politique d'incitation à la générosité et de développement de celle-ci, afin de mobiliser des ressources privées, au bénéfice d'organismes sans but lucratif, pour accroître leurs moyens, notamment ceux procurés par l'État et les entités publiques.

Ils reposent sur des règles d'éligibilité précises définies dans le Code général des impôts et déclinées dans la doctrine administrative contenue dans le *Bulletin officiel des finances publiques-impôts* (BOFiP). Les règles tiennent à des conditions de forme du don et du reçu remis par l'organisme bénéficiaire ainsi qu'à de nombreuses conditions de fonds, notamment la gestion désintéressée de l'organisme bénéficiaire, appréciée selon la doctrine administrative, mais aussi la territorialité du donateur ainsi que celle de l'action réalisée, la cause soutenue et son caractère d'intérêt général défini par opposition à la notion de cercle restreint de bénéficiaires, l'absence de contrepartie pour le donateur.

Ils sont associés à des mécanismes de calcul d'une réduction d'impôts en fonction du montant d'un don, des revenus du donateur et de plafonds définis par le législateur.

La défiscalisation est à la portée du plus grand nombre, personnes physiques ou personnes morales de droit privé assujetties aux impôts commerciaux ou à l'impôt sur le revenu. Elle est adaptée à la situation de chaque contribuable. Pour autant, les dispositifs ne concernent pas tout donateur (personnes non imposables), comportent des limites et plafonds et ne visent pas toutes les formes de générosité : le bénévolat, par exemple, n'est pas concerné par les dispositifs existants.

Mais ces considérations, centrées sur la défiscalisation et ses caractéristiques, ne doivent pas faire oublier les éléments essentiels de l'acte de générosité, intimement liés aux conditions rappelées ci-avant.

L'intention libérale et le caractère désintéressé sont incontestables puisque le don a un coût, certes réduit par le dispositif de réduction d'impôts, mais un coût réel pour celui ou celle qui le consent, à hauteur de la différence entre le montant brut versé et la réduction d'impôts obtenue. Sans dispositifs incitatifs, les montants de générosité ne seraient-ils pas moins, voire beaucoup moins, importants ?

Ce don contribue à la réalisation d'une opération caritative, éducative, culturelle…, qui n'aurait peut-être pas vu le jour sans le mécanisme de défiscalisation.

Enfin derrière le don, sans contrepartie autre, pour certains, qu'une réduction partielle de la charge fiscale, se cachent une conscience de la nécessité de financer une cause, une empathie vis-à-vis de l'autre, une adhésion à une cause…

Que le dispositif incitatif que constitue la défiscalisation ne nous fasse donc oublier ni l'acte libéral, désintéressé, dédié à une cause d'intérêt général, ni la volonté humaine et altruiste qui y est associée.

Demain

▪ Francis CHARHON
Créateur et animateur du blog « Chroniques philanthropiques »
et ancien directeur général de la Fondation de France

L'action philanthropique est consubstantielle à la nature humaine. Elle procède d'un engagement sous les formes les plus diverses, argent, temps, apport de compétence, et cela depuis toujours dans l'histoire de l'humanité. Aider son prochain, soulager des souffrances, favoriser la recherche et la culture sont des projets enthousiasmants de nature à donner du sens et de l'espoir aux hommes et femmes de notre pays. La philanthropie ne remplacera pas l'État mais peut apporter des compléments à son action, des façons d'agir souples et innovantes pour répondre à des besoins mal ou pas pris en charge. Cette implication des citoyens est un puissant facteur de démocratie en rendant acteurs ceux qui ont un immense sentiment d'abandon.

Il est important de considérer la philanthropie comme un écosystème dont les acteurs sont les associations, les fondations, les donateurs, les bénévoles. Favorisée par les gouvernements qui ont donné plus de moyens par des dispositions réglementaires et fiscales importantes, elle s'est développée depuis quarante ans de façon magistrale : multiplication des dispositifs de fondations, de fonds de dotation, de déductions fiscales sur le revenu, sur l'ISF puis l'IFI, facilitation de la réception des legs élargie aux associations. De leur côté, les acteurs ont accompli des avancées majeures pour assurer plus de transparence et de sécurisation. Cela a permis à un nombre croissant de particuliers ou d'entreprises de s'engager dans les domaines les plus variés et de contribuer à la vie sociale de notre pays.

Que sera demain ? La philanthropie aura de beaux jours, car la force de l'engagement, l'enthousiasme sont des moteurs puissants permettant de penser que de larges espaces de développement restent possibles. Mais un certain nombre de conditions sont nécessaires pour entrer dans une philanthropie du XXIe siècle qui s'appuie sur les acquis du passé.

Les acteurs doivent, plus encore, s'organiser pour atteindre la puissance d'une parole unique et claire sur les valeurs et le sens de leur action, mieux faire connaître le poids de leurs actions, le rôle essentiel qu'ils ont dans la préservation de la cohésion sociale.

D'une part, les associations et fondations doivent pouvoir répondre aux aspirations des donateurs et des bénévoles pour leur proposer des actions en rapport avec leurs souhaits d'engagement et les accompagner efficacement.

D'autre part, les entreprises ont à clarifier leur mécénat pour qu'il ne soit pas intégré à la RSE pour devenir un outil de la gestion de marque. Les montants engagés par les grandes entreprises devront plus être en relation avec leur chiffre d'affaires pour ne pas paraître dérisoires. Les PME encore peu engagées pourront poursuivre la croissance de leur mécénat s'il est facilité par une simplicité des modalités d'engagement.

La philanthropie de demain sera de plus en plus locale et liée aux besoins du terrain permettant des réponses appropriées ; les financeurs accepteront de soutenir non seulement les projets, mais aussi les structures pour les renforcer.

Enfin, un effort majeur doit être fait sur la recherche afin de mieux faire connaître le rôle du secteur, les besoins de la population et l'importance des financeurs de toute taille. La philanthropie enseignée dès l'école donnerait une sensibilisation intéressante pour les élèves.

L'État doit quitter l'ambiguïté de sa position marquée par la création de dispositifs facilitants qu'il faut saluer ; mais par ailleurs il multiplie les complexités administratives, n'assure aucune coordination entre les entités gouvernementales, donc entrave la croissance harmonieuse de ce secteur.

Une conférence nationale organisée entre l'État et les acteurs du secteur permettrait de poser les attentes de chacun et de trouver les voies d'une politique philanthropique ambitieuse utile à notre pays.

Démocratie

■ Dominique Schnapper
Sociologue, ancienne membre du Conseil constitutionnel

La démocratie repose sur la conception d'une société d'égaux, sinon de semblables, entre lesquels tous les échanges peuvent et doivent se multiplier. Il n'existe plus d'inégalité de statut. Les inégalités des conditions sociales elles-mêmes sont contraires aux valeurs collectives, elles sont condamnées, dénoncées et combattues. La Révolution française a immédiatement reconnu des droits aux pauvres comme à tous les autres membres de la société, comme à tous les citoyens. Le Comité de mendicité mis en place par l'Assemblée constituante en 1790 fit de nombreuses propositions pour réformer le système d'assistance, et la Constitution de 1791 affirmait « au rang des devoirs les plus sacrés de la nation l'assistance aux pauvres dans tous les âges et dans les circonstances de la vie ». Désormais il n'existait plus de charité qui pouvait humilier celui qui en bénéficiait, mais on reconnaissait le droit du citoyen à mener une existence qui assure sa dignité et lui permette d'exercer réellement ses droits.

La politique de l'État providence est née, avec des générations de retard et à la suite de beaucoup de luttes sociales, de cette conception qui était en rupture radicale avec le monde non démocratique. Elle reste au principe de toutes les politiques sociales qui sont fondées sur les droits des bénéficiaires. Dans la société démocratique, il ne s'agit pas de faire la charité, de distribuer des aumônes. Il s'agit d'abord, par la redistribution des richesses, de pallier les risques que connaissent les individus au cours de leur existence – charges d'enfants, vieillesse, maladie ou chômage –, de leur assurer des revenus substitutifs pour lesquels ils ont cotisé lors de leur vie active : c'est le principe de l'assurance. Mais ceux qui n'ont pu participer à cette redistribution assurantielle n'en sont pas moins des citoyens disposant de droits sur la collectivité, la société doit les assister. C'est une politique qui affirme la responsabilité collective et les droits de chacun de ses membres.

Le système de redistribution de la démocratie providentielle institue indiscutablement une solidarité objective très forte entre tous ses membres. Les transferts considérables qu'elle organise sont inévitablement appliqués de manière administrative, elle ne peut qu'élaborer et respecter des critères objectifs et abstraits pour catégoriser les uns et les autres. Ce régime, avec toutes ses vertus, risque en même temps d'affaiblir les formes de solidarités ressenties – familiales, religieuses, historiques, sentimentales – qui donnent un sens aux relations entre les personnes concrètes. C'est pourquoi il apparaît souhaitable, et parfois nécessaire, de conjuguer les formes de solidarité qui unissent les individus. Il ne s'agit évidemment pas de contester le devoir des plus nantis à contribuer à la redistribution des richesses et le droit des plus modestes à en bénéficier. Il s'agit de compléter ce système national par des interventions qui donnent un sens vécu aux relations concrètes entre les uns et les autres.

Les interventions de type philanthropique permettent non seulement de prendre en compte les cas particuliers qui n'entrent pas dans les catégories administratives et les destins singuliers qui s'inscrivent mal dans un système bureaucratique, mais aussi – et peut-être surtout – elles nourrissent des sentiments qui grandissent ceux qui participent à ces échanges, le bonheur des uns qui ont donné et la reconnaissance des autres qui ont reçu. Par ce don, elles contribuent à humaniser les relations et les échanges entre tous les individus démocratiques.

Denier (du Culte)

« Ce n'est pas la quantité que nous donnons qui compte, mais l'amour que nous mettons à donner. » Mère Teresa

▪ Emmanuelle de Boysson
Écrivaine

À l'origine de la philanthropie, il y a la charité. Encouragée par les religions, synonyme de justice dans le judaïsme, d'amour envers son prochain, en tant que créature de Dieu dans le christianisme, la charité, vertu théologale, cousine avec la foi et l'espérance. Donner implique aussi de subvenir aux besoins des cultes, privés d'aide publique depuis la séparation de l'Église et de l'État en 1905. En effet, sans prêtres, sans rabbins, sans laïcs dévoués, notre société se priverait de ceux qui rassemblent et fédèrent des communautés religieuses, ceux qui sont aussi au service des plus démunis. Malheureusement, ces dernières années, malgré leur défiscalisation allant jusqu'à 75 % en 2022, décision défendue par le grand rabbin Haïm Korsia et Joël Mergui, président du Consistoire central, les dons faits à ces associations diminuent. Du côté de l'Église catholique, les abus sexuels, la crise sanitaire et celle de la foi expliquent en partie la baisse de fréquentation des paroisses. Moins de quêtes, moins de kermesses : les fidèles préfèrent soutenir d'autres causes. Le denier du culte susciterait même de la méfiance, au risque de priver les prêtres, les religieuses et les laïcs travaillant pour l'Église de leur source de rémunération, de l'entretien des bâtiments, du chauffage, des assurances, des frais de catéchèse, de pastorale ou d'entraide. Et si cette expression désuète, « denier du culte », rebutait ? Il faut reconnaître qu'elle dégage un parfum suranné, avec une connotation péjorative. Quant aux deniers, toute une histoire ! On se plaint du gaspillage de ceux de l'État, on craint que les nôtres nous soient volés ! À l'origine, ceux-ci servent déjà aux taxes ou à la gabelle. En Judée, les deniers sont des pièces de monnaie en or à l'effigie de l'empereur et l'impôt par tête que les Juifs doivent payer aux Romains. Sur le tableau de Rembrandt, Judas rapportant 30 deniers, ils représentent l'argent de la trahison, prophétisé par Jérémie dans la Bible hébraïque. Pourtant, le denier du culte n'est pas un don comme les autres. Son sens est lié à la dîme d'Abraham et à l'offrande au temple. Il aurait d'ailleurs pu s'appeler la « dîme de gratitude » ou « la dîme au temple ». Jésus a lui-même versé cette offrande, afin de montrer l'importance de la veuve qui mettait des pièces dans le tronc du temple. Dès les débuts du Vatican, le denier de saint Pierre est le tribut qui se paie à Rome le jour de la fête de Saint-Pierre-aux-Liens. Après 1905, on parle de denier du clergé, puis du culte, qui représente un signe d'appartenance à l'Église.

Avec la hausse du coût de la vie et de l'énergie, les diocèses font leur possible pour stimuler les dons. Ils jouent la transparence afin de préciser leur destination et organisent des campagnes-choc. Au programme : fêtes, concerts ou locations de salles. Afin de rajeunir les donateurs, ceux d'Aix ou d'Arles lancent sur les réseaux des slogans comme : « Adopte un curé » ; « Vivre d'amour et d'eau fraîche, y en a qui ont essayé, ils ont eu des problèmes » ou « Aide un prêtre à mettre un peu d'épinards dans son beurre », assortis des photos de jeunes prêtres au supermarché.

Alors qu'on associe trop souvent le don du culte au devoir, il est temps de rappeler que l'essentiel n'est pas la somme versée, mais la valeur d'un rituel qui nous relie à ceux qui nous ont précédés, du geste fraternel, à la portée libératrice et bienfaitrice, de transmettre la joie de donner. Et si le denier du culte s'appelait : le denier de la joie !

Digital

▪ Frédéric BARDEAU
Président cofondateur de Simplon.co

Le digital est bien – comme l'a expliqué Bernard Stiegler – un *pharmakon* : à la fois remède, poison, et bouc émissaire.

Contrairement aux idées reçues, le digital n'est ni désincarné ni virtuel. Il est matériel, avec ses câbles, ses *data centers* et ses équipements bourrés de métaux. Il est également incarné puisqu'en réalité nous ne nous connectons pas sur un réseau ; c'est bien ce réseau qui nous connecte entre nous, tissant des liens entre des personnes, des connaissances, des organisations humaines, des outils et des services qui peuplent nos quotidiens. Le numérique imprègne toutes nos vies, nos sociétés, nos économies, tous nos amours et nos amitiés, nos régimes politiques, créant une trame indissociable entre les bits et les atomes, la biologie et le vivant, et l'informatique et les machines.

Pour autant, le digital n'est pas exempt de failles, d'angles morts et d'externalités négatives. C'est un « poison » et un problème autant qu'une solution. Il crée exclusion et discrimination : trois milliards de personnes ne sont pas connectées, l'illettrisme numérique touche les plus vulnérables ou celles et ceux qui ont le plus besoin d'être « encapacités » par le numérique, la plupart des sites Web sont inaccessibles aux personnes en situation de handicap (temporaire, contextuel ou permanent), les biais algorithmiques démultiplient les biais existant dans la société. Le numérique engendre ou aggrave des fractures sociales, bouleverse la donne démocratique, et pose clairement la question de son impact environnemental grandissant (métaux, eau, gaz à effet de serre). Mais fort heureusement, le numérique est aussi, et devrait être avant tout, un « remède » et une source de solutions positives. Il a démocratisé la philanthropie, l'a rendue accessible au plus grand nombre, professionnalisée et mondialisée. Partout, des individus viennent en aide à d'autres grâce au digital, des communautés se forment, se mobilisent, se fédèrent, portées par la volonté de faire le bien et de bien faire, et renforcent les actions et les organisations philanthropiques. Le digital démultiplie la notoriété, la transparence, et la responsabilité à la philanthropie, exigeant de cette dernière une efficacité forte et de rendre des comptes sur ses impacts. Les outils numériques, quand ils sont focalisés sur la réalisation des objectifs de développement durable des Nations unies, deviennent des leviers essentiels pour relever nos défis planétaires, qu'il s'agisse de recherche médicale, de climat, d'éducation, d'agriculture, de réduction des gaz à effet de serre ou de suppression des barrières linguistiques et des discriminations sociales ou individuelles.

Face à cette ressource critique et non renouvelable qu'est le numérique, l'heure est plus que jamais à la vigilance. L'avenir du numérique doit s'écrire dans une démarche de sobriété, de frugalité et de discernement. Il nous appartient de trier, de choisir et parfois de renoncer à certains usages du numérique pour privilégier ceux qui servent véritablement le bien commun et qui sont soutenables pour notre planète. C'est un défi magnifique, je m'y attelle depuis vingt-cinq ans, et nous sommes de plus en plus nombreux à comprendre la nécessité de faire avec le digital, mais mieux et uniquement quand c'est nécessaire. En revanche, ça ne sert à rien de combattre les grands acteurs du digital ou de résister au déploiement technologique. Rien n'est inéluctable mais « on n'arrête pas le progrès » (et il ne faut pas le faire) : le plus important, c'est de garder la direction et de fixer les priorités.

Don

« Tel donne à pleines mains qui n'oblige personne ; la façon de donner vaut mieux que ce qu'on donne. »
Pierre Corneille, *Le Menteur*

■ Laurence Lepetit
Déléguée générale de France générosités

Au commencement était le don.

Tata ab en égyptien « ce qui est donné par le cœur » ; *dàna* en sanscrit « quelque chose qui est donné en échange de quelque chose », *onkei* en japonais « don divin » ; *umbara* en sumérien « aide, cadeau, protection divine ».

Dans ces multiples acceptions, « don » est l'un des mots les plus anciens du langage. Dans sa version transitive, il possède principalement deux sens « offrir-donner et recevoir ou même prendre ». Le don est donc ce que l'être humain offre, mais c'est également une qualité qu'il reçoit en héritage.

La question de la transmission et de l'héritage est centrale dans la propension de l'individu « à donner ». Alors que la générosité en France se concentre peu à peu ces dix dernières années chez les plus âgés, les plus fortunés, dans les grands centres urbains ou les littoraux favorisés, nous nous interrogeons beaucoup sur notre capacité à renouveler les générations de donateurs. Quand on sait que 67 % des personnes ayant été « éduquées au don » deviennent elles-mêmes donatrices[1], on se demande si le faible nombre de donateurs chez les 35-55 ans (6 % de cette tranche d'âge[2]) relève d'un effet générationnel et/ou d'un défaut de transmission.

Les grands récits religieux et militants du XXe siècle ont façonné pour un grand nombre d'individus leurs appartenances collectives. Ces grands récits soutenaient des logiques de dons très fortes à la fois dans leur dimension verticale (le don originel pour les religions chrétiennes), longitudinale sur les aspects de transmission et enfin horizontale dans la solidarité qui se tisse entre celles et ceux qui se reconnaissent de la même filiation. Leur perte d'influence a certainement entraîné un « défaut » de transmission ou d'éducation au don.

La crise de confiance qui touche nos sociétés envers les corps intermédiaires, les politiques, les médias touche aussi les associations et les fondations. Quand on sait que les donateurs sont également ceux qui ont le plus haut degré de confiance interpersonnelle et collective[3], on mesure la capacité du don lui-même à réunir, fédérer et souder les membres d'une société plus solide et durable.

Les plus jeunes n'ont jamais été plus en demande de lien social, de solidarité. On constate chez eux un regain du militantisme, notamment à travers la cause climatique et la lutte contre les inégalités. L'effort de don des moins de 30 ans est proche de celui des plus de 70 ans à des niveaux de revenus

---

1. *Les Français dans la vie associative*, Injep, 2023.
2. *Baromètre de la générosité vision donateur*, Novos pour France générosités, 2022.
3. *Les Donateurs au prisme des valeurs*, Destin commun pour France générosités, 2022.

incomparables. L'individualisation de la société qui est souvent dénoncée n'est pas forcément synonyme de perte d'engagement. Elle demande de repenser le lien, la réciprocité, les contreparties symboliques entre celui qui donne et celui qui reçoit.

La libéralisation de notre économie et le prisme principalement fiscal de nos politiques de générosité ont parfois trop réduit le don à sa dimension utilitariste, à ce qu'il finance, ce qu'il produit, et ont certainement contribué à faire oublier la dimension profondément sociale du don.

Élargir la générosité demande donc de renouveler notre rapport individuel au collectif et de ne jamais perdre de vue que : « Dans la relation de don, le lien importe plus que le bien[1]. »

---

1. Alain Caillé, *La Pensée confisquée*, La Découverte, 1997.

E

Éducation

■ Alain Bentolila
Linguiste et professeur à l'université Paris-Descartes

L'éducation, qu'il s'agisse de l'apprentissage formel en milieu scolaire ou celui informel dans un mouvement de jeunesse par exemple, peut être définie comme un processus d'acquisition de connaissances, de compétences, de valeurs, d'aptitudes qui contribuent au développement d'un individu. Le linguiste que je suis insistera davantage sur l'apprentissage de la langue à l'école, plus capital encore dans le monde où nous vivons, asphyxié par un trop-plein d'écrans consommés sans modération dès le plus jeune âge. La maîtrise de la langue, je le rappelle, favorise la pensée critique, l'imagination, la créativité et une plus grande compréhension du monde. Elle permet l'échange, le dialogue, la prise de conscience par la confrontation – en son acception large – d'un autre semblable et différent de soi. Il est ainsi essentiel de parler avec les enfants. Même s'ils sont jeunes, tous les sujets peuvent être abordés avec eux qu'il s'agisse de questions sociales ou environnementales. Il faut choisir ses mots, se mettre à leur niveau et leur expliquer pourquoi et en quoi il est important d'aider les autres ; comment une action qui peut paraître anodine peut faire toute la différence. Cette attention qui leur est apportée, ce temps éducatif de partage se transformeront pour eux en moments privilégiés et donc attendus. Le livre est également un formidable support. En compagnonnage avec l'adulte, l'enfant va découvrir des histoires qui mettent en lumière des actes et/ou des personnalités inspirants. Il y reviendra seul, ensuite, pour réfléchir par lui-même, se questionner, tirer ses propres conclusions. L'éducation scolaire, informelle, parentale va ainsi cultiver la conscience philanthropique de l'enfant, lui enseigner des valeurs telles que la compassion, la justice et la solidarité. Elle va lui montrer le chemin de l'empathie, de l'engagement ; alimenter la culture de l'altruisme qui transcende les intérêts personnels le prémunissant d'un égoïsme mortifère. Les enfants apprennent beaucoup en observant les adultes qui les entourent. Ils comprennent, en les voyant faire, qu'en se préoccupant des autres, de l'environnement, de la planète, ils vont façonner à leur mesure, durablement, un monde plus responsable. Ils ne sont plus des témoins passifs mais des acteurs engagés. Il est possible de conduire un enfant à choisir une cause qui lui tient à cœur et à s'y tenir. Il se réjouira des résultats obtenus. Grandira. Plus tard, parce que convaincu que le partage n'est pas optionnel mais nécessaire à l'équilibre d'une société, il s'impliquera, soucieux de maximiser l'efficacité de son don et/ou de ses actions, s'assurant ainsi que chacune de ses contributions a un impact significatif. L'éducation fait de nous les adultes que nous sommes, elle nous conduit sur le chemin de la liberté. Comme l'a dit le prix Nobel Kailash Satyarthi, militant indien des droits de l'enfant : « L'éducation est la plus puissante des armes pour transformer le monde. »

Égalité

« Maintenant que nous avons l'égalité politique, il faut se soucier de l'égalité sociale. » Jean JAURÈS

▪ Luce PERROT
Journaliste et présidente fondatrice de Lire la société

Le mot « égalité » est indissociable de la devise républicaine française. Il est donc directement associé à ceux de « liberté » – qui le précède – et de « fraternité » – qui le suit. De là à conclure que l'égalité est au centre du dispositif républicain, il n'y a qu'un pas. Parce que l'histoire est importante, on se souvient que l'association « liberté-égalité » est présente dès le XVIIIe siècle, avec notamment Jean-Jacques Rousseau. L'auteur du *Discours sur l'origine et les fondements de l'inégalité parmi les hommes* et du *Contrat social* définissait l'égalité, inséparable de la liberté, comme le fait que « nul citoyen ne soit assez opulent pour en pouvoir acheter un autre, et nul assez pauvre pour être contraint de se vendre ». Robespierre qui juge intolérable la trop grande disproportion des richesses proposera en vain le triptyque qui ne s'imposera qu'en 1848, s'inspirant des principes « révolutionnaires » de la Déclaration des droits de l'homme et du citoyen de 1789. Sous la IIIe République, « égalité » ne fait plus l'unanimité, on lui préfère alors « solidarité »... Mais c'est bien la triade originelle que retiendront les constitutions de 1946 et de 1958. Ce rappel est éclairant sur la volonté politique de placer les « humains » sur un plan d'égalité. Dans la Déclaration universelle des droits de l'homme, adoptée en 1948 au palais de Chaillot à Paris par 48 États membres de l'ONU sur 58, ils « naissent libres et égaux en dignité et en droits » et « doivent agir les uns envers les autres dans un esprit de fraternité ». L'égalité est posée là comme principe. Si l'égalité en droits s'exerce en France pleinement et ne pose pas de question, il n'en est pas tout à fait de même quant à la dignité. Comment l'entendre ? Ce mot-valise offre tant de possibilités qu'il est facile de s'y perdre. Sans se lancer dans une litanie, prenons un exemple : la pauvreté. Est-elle une atteinte à la dignité de ces femmes et hommes qui bien que travaillant ne parviennent pas à joindre les deux bouts, accumulent les dettes en se serrant la ceinture et n'ont d'autres horizons que ce cercle non vertueux ? Certainement. Voilà pourquoi il y a dans la philanthropie « sociale » un aspect finalement peu souvent abordé, celui de l'acte politique.

Tous les hommes sont égaux, c'est un fait. Tous naissent, vivent et meurent !

Mais tous ne bénéficient pas des mêmes atouts à la naissance, ce qui conditionne sinon leur mort, assurément leur vie. Les philanthropes par leurs actions font, d'une certaine manière, un rappel à la loi, à la règle. Permettant au plus grand nombre de recouvrer leur dignité, ils sont à leur façon les garants de la devise tricolore, incarnant la part belle de l'esprit français.

Ego

■ Pierre Marie
Psychanalyste

Par quelles métamorphoses subreptices le pronom personnel de la première personne du singulier du grec et du latin est venu resurgir au XIXe siècle à partir de l'allemand en se dotant d'une valeur substantielle, au point que l'on peut dire de quelqu'un : il a un « ego » surdimensionné[1] ?

Cette manière de valoriser le mot « ego » doit beaucoup à Kant, manière de reprendre à son compte l'invention par Locke d'une entité substantielle qui serait le lieu de notre identité et à laquelle il donne le nom de *self* que son traducteur, Coste, rend en français par le mot « moi » au prétexte que Pascal en aurait fait l'usage, ce qui n'est pas tout à fait le cas.

L'important n'est pas là, mais il se trouve plutôt dans l'extraordinaire efflorescence narcissique qui surgit justement au XVIIe siècle et dont La Rochefoucauld est le plus vif témoin ; c'est de cela que parle, ahuri, Pascal. Non que les hommes jusque-là aient été dépourvus d'amour-propre, c'était le mot employé, mais la forfanterie y allait.

C'est que les guerres de Religion embrasent alors l'Europe et instillent le doute sur la véracité des dogmes que la naissance du discours scientifique met simultanément en cause. C'est le temps des premiers libertins, ce qui veut dire « libres de penser », à l'exemple de Théophile de Viau.

Concomitamment se met en place ce que Norbert Élias a appelé la « société de cour », dont les mœurs se transmettent par mimétisme aux bourgeois et aux artisans ; chacun cherche à « s'y croire » et cultive l'estime qu'il a de lui à travers le regard des autres. Si Baltasar Gracián en fait le thème de son plus célèbre ouvrage, *L'Homme de cour*, Molière s'empresse d'en montrer tous les aspects pour en rire.

Pourtant, cet arrachement du dogme joint au souci de plaire est venu réhabiliter une vieille vertu antique oubliée ; car avec

1. Le substantif « égoïsme » est apparu au XVIIIe siècle pour remplacer celui d'« amour-propre » (le substantif « égotisme », apparu peu après, venait de l'anglais *egotism* qui avait servi à traduire le français « égoïsme » : Stendhal était simplement snob).

l'amour-propre est apparu, précise Rousseau, l'amour de soi qui prend alors le nom d'honnête homme à l'image du Philinte de Molière. Certes, on gonfle le torse, mais pas trop, on a le souci des valeurs des Anciens de nouveau au goût du jour.

On pourrait dire que la charité chrétienne retrouve alors le sens originel de son mot : *charis*, la « grâce », mais la grâce de l'honnête homme, pas la grâce de Dieu. Ce mot si important pour les Grecs désignait l'aptitude de chacun à « avoir du charisme », c'est-à-dire à briller, non en gonflant le torse, mais en étant ouvert aux autres, disponible pour eux. C'est le bienveillant, dont parle Aristote dans l'*Éthique à Nicomaque*, qui aime ses obligés comme l'artiste aime ses œuvres, bienveillance, précise Aristote, qui est la condition de la communauté : la *philia*, l'« amitié », est la raison du lien social.

Or, au XVIIe siècle, la communauté commence à passer d'un lien vertical au Très Haut à un lien horizontal ; le droit naturel inventé par Vitoria à Salamanque, diffusé par Grotius, en posant que les hommes forment par eux-mêmes une communauté, réinvente la démocratie, c'est-à-dire le gouvernement de tous par chacun.

Où l'on voit qu'est en jeu dans le propos de Locke inventant *the self*, l'ancêtre de l'« ego », de poser que l'homme peut s'autodéterminer et faire de lui-même communauté avec les autres ; l'« ego » veut dire, loin de tout égoïsme, qu'il y va de la responsabilité de chacun qu'il y ait communauté : *phil-anthropos*. C'est donc à cette époque qu'est redécouverte cette vertu grecque (et non chrétienne) de la philanthropie.

Empathie

« La souffrance d'autrui est chose qui doit s'apprendre ; et jamais elle ne peut être apprise pleinement. »
Friedrich Nietzsche.

■ Corinne Desforges
Inspectrice générale de l'administration,
ministère de l'Intérieur et des Outre-mer

Terme inusité et pourtant indispensable pour la vie en société, en communauté ! Joli mot d'une langue ancienne et précieuse qu'il faut remettre à la mode.

L'empathie est-elle un sentiment ou une attitude ?

Est-elle innée ou acquise ?

Peut-on enseigner l'empathie ?

Est-ce une notion abstraite ou créatrice d'action ?

Est-elle inhérente à la condition humaine ?

Tant de questions fondamentales pour une « qualité » d'écoute et d'intérêt pour les autres et en particulier pour ceux qui sont dans une souffrance, quelles qu'en soient la nature et l'intensité. Sans chercher dans un dictionnaire, peut-être peut-on dire que la notion d'« écoute présente et bienveillante » est une définition de l'empathie ? Une attention aux autres, une « attention à la fragilité » ?

Car l'empathie n'est pas la sympathie, qui est plus un échange entre égaux, entre amis ou une relation pour partager de bons moments ; ni le sentimentalisme de l'un qui n'aide pas l'autre à traverser une difficulté ; ni la compassion qui comprend et partage mais n'agit pas ; ni l'apitoiement qui plaint sans fin et sans action. L'empathie, par son regard tourné vers autre que soi, sans égoïsme, implique des mots de réconfort ou des gestes qui aident sans blesser et qui, sans supériorité, n'humilient pas. Être empathique n'est pas être supérieur mais être présent.

En cela, l'empathie est une composante de la philanthropie même si les mots n'ont pas la même racine. Elle peut conduire à agir en choisissant de soutenir une « cause », de s'investir pour réparer un malheur ou une discrimination subie, ce qui nécessite d'offrir du temps ou des moyens financiers. Elle ne doit cependant pas amener à vivre négativement ou de manière inutile la souffrance de l'autre. Elle ne doit pas, non plus, attendre de gratification.

L'« engagement », le « service » constituent évidemment des déclinaisons heureuses et efficaces de l'empathie.

Le poème « Consolation à M. du Périer » de François de Malherbe est une superbe illustration de l'empathie :

> « Ta douleur, du Périer, sera donc éternelle ? et les tristes discours que te met en l'esprit l'amitié paternelle l'augmenteront toujours ? [...]. Est-ce quelque dédale où ta raison perdue ne se retrouve pas ? »

Partage de la douleur à la mort d'une enfant, mais aussi tentative, par des mots justes, de ramener à la raison et à la vie...

Entendre le malheur, le comprendre et le partager, consoler mais aussi stimuler ou réveiller : des verbes qui, pris ensemble, sont des actes qui définissent l'empathie.

L'empathie est une qualité mais tout le monde ne l'a pas ! L'éducation, la formation par l'entourage, les expériences vécues sont sans doute les vecteurs qui nous conduisent à nous pencher avec intérêt, sensibilité et bienveillance sur ce que vivent les autres et à être présents pour eux avec discernement et souci d'efficacité.

Ainsi, l'empathie est à la fois un sentiment et une attitude ; les gestes qu'elle implique en font une des incarnations de la philanthropie et de l'humanité. Puissent cette force, cette générosité permettre un mieux vivre ensemble.

■ Sylvia Goni
Psychiatre

« L'absence de compassion est aussi vulgaire que l'excès de sanglots. »
Julian Fellowes, *Downtown Abbey*

La philanthropie est un acte, d'abord un acte, et non une émotion. Elle est dictée par la volonté d'un vivant pour donner les moyens de l'action à d'autres, au-delà de lui, voire au-delà du temps qui lui est imparti. Elle naît d'un équilibre fragile, au-delà de l'émotion paralysante ou vaine qui conduit un être singulier à choisir l'action spiritualisée. Si beaucoup d'associations en mettent l'intitulé dans leur raison morale, la philanthropie ne se crée et ne se pérennise que par la volonté singulière constante d'hommes et de femmes qui la veillent comme une valeur suprême. Elle est là pour réparer le monde : elle s'est donc tournée vers l'hôpital, qu'il soit asile ou lieu de soins. Le don de l'asile des hospices se doublait du don de l'art, quand la vue des plus beaux retables était offerte aux indigents pour leurs derniers regards. Ce nouveau siècle n'a de cesse de détruire et donc nous laissera la responsabilité de la réparation. Nous aurons tant d'hôpitaux, d'asiles, de lieux de vie à reconstruire et tant de beauté à créer pour l'offrir au monde. Comme

Rothko rencontra une philanthrope pour offrir l'art à tous en créant un lieu spirituel œcuménique, la réparation à venir demandera que bien des artistes, des architectes et des soignants rencontrent leur philanthrope. On peut brûler de compassion pour ceux frappés par le destin, sans porter haut des couleurs ou des bannières. Dans le silence naît alors un philanthrope, qui donnera. Donner de la vie aux lieux de recueil de la laideur de la maladie, donner de la beauté au lieu le plus éloigné de la beauté, voilà le destin d'un philanthrope.

Engagement

▪ Claire Thoury
Présidente du Mouvement associatif

Contrairement à de nombreuses idées reçues, l'engagement n'est pas en crise, mais la façon dont il se manifeste et les aspirations qu'il recouvre ont évolué ces dernières décennies.

De façon assez schématique, nous pouvons identifier trois ères de l'engagement qui se suivent, voire s'imbriquent, à partir de la fin de la Seconde Guerre mondiale jusqu'à aujourd'hui.

En 1997, Jacques Ion identifie une évolution dans les formes d'engagement et théorise le passage d'un engagement dit « timbre » à un engagement dit « post-it[1] ». À rebours de l'idée d'une crise du militantisme et plus généralement de l'engagement, il défend la thèse d'une mutation des formes d'engagement due à l'individualisation de la société. L'engagement « timbre » est un engagement caractérisé par l'adhésion, la métaphore du timbre faisant écho à la carte d'adhésion à une

1. Jacques Ion, *La Fin des militants ?*, Éditions de l'Atelier, 1997.

structure pour laquelle ses militants seraient prêts à sacrifier leur individualité au profit du collectif, pour faire masse, calqué sur la figure du militant communiste des années 1950. Dans ce type d'engagement, qualifié par l'auteur de « total », particulièrement intense au service d'une cause, l'individu accepte de déléguer sa parole et de laisser ses identités être définies par la structure.

Dans les années 1970 arrive ce que l'on appelle en sociologie le « tournant de l'individu ». Les individus s'émancipent de leur collectif d'appartenance et revendiquent d'avoir plus de possibilités, de choix. S'ensuivent la chute de l'URSS et la fin des grandes idéologies qui rebattent les cartes de l'engagement. Il ne s'agit plus de se sacrifier pour un grand soir ou pour une structure mais de s'engager de façon pragmatique, concrète. Jacques Ion qualifie cet engagement de « post-it » ou de « distancié ». Il est caractérisé par le refus de la délégation de parole, soucieux de permettre aux individus de contribuer à construire l'identité de la structure.

Si la grille de lecture offerte par Jacques Ion met en exergue les conséquences du tournant de l'individu sur les formes d'engagement, elle ne semble plus tout à fait adaptée aux pratiques contemporaines. En effet, une troisième ère de l'engagement émerge, notamment chez les plus jeunes. Cette troisième phase est caractérisée à la fois par un besoin de résultats concrets, mais aussi par une volonté de voir des changements d'ampleur s'opérer. Les petits pas ne suffisent plus, les plus jeunes veulent voir le monde changer significativement, dès maintenant, comme l'attestent les mouvements pour le climat, de luttes contre les violences faites aux femmes, ou en faveur de l'accueil des réfugiés. Cette troisième ère de l'engagement est intéressante car elle hybride une partie des deux précédentes. La place de l'individu reste forte, celles et ceux qui s'engagent revendiquent une volonté de s'épanouir, ont besoin de vivre intensément leur vie mais savent que pour y parvenir, un changement d'ampleur doit être mené, changement qui ne peut se produire sans un collectif fort. Cette urgence de l'engagement, cette quête de résultats concrets d'ampleur et rapides montre qu'il n'est plus suffisant de simplement imaginer ou espérer, mais qu'il est absolument nécessaire, urgent, voire vital, de donner corps à ces aspirations. Cela se traduit par un nouveau rapport aux institutions vis-à-vis desquelles cette génération d'engagés, contrairement aux précédentes, ne manifeste pas de la défiance mais une certaine forme d'indifférence. Jugées souvent trop lentes, déconnectées, les institutions ne sont plus le levier sur lequel jouer ou avec lequel créer un rapport de force pour obtenir des résultats rapides. Faire sans elles permettrait d'aller plus vite.

Rappelons que la France compte 1,4 million d'associations, 70 000 associations qui se créent chaque année, 20 millions de bénévoles. Ces chiffres montrent bien que nous sommes incontestablement dans une société engagée. Reste à savoir comment on passe d'une société engagée à une société politisée. En cela, cette nouvelle ère de l'engagement est porteuse de beaucoup d'espoirs car elle pose une approche systémique, elle collectivise les causes, elle pointe la nécessité d'articuler les projets et les combats au service d'une société plus juste.

Enseignement

▪ Anne COURCELLE
Professeure de lettres

Il y a les enseignements que l'on tire – ou pas, si l'on a la tête dure – des aléas de la vie, de la société, de la politique, de ses lectures, de ses rencontres. Parce qu'ils se déclinent au pluriel, ils sont sources d'enrichissement intellectuel, affectif, spirituel ou… matériel ! Escorte invisible qui nous accompagne, ils forgent notre être, musclent la colonne vertébrale de notre personnalité et font pulser notre cœur.

Et puis il y a l'enseignement, cette hydre bienfaisante qui prend, en France, le nom d'Éducation nationale ; d'aucuns diraient cette « grande machine » qui enrôle tout individu de 3 à 16 ans minimum, anime souvent la une des informations et fait, chaque année, perdre quelques cheveux au ministre qui en a la charge…

« Enseigner », « éduquer », « instruire », « apprendre », autant de mots dont les étymologies et les connotations donnent forme et couleur à une démarche qui « n'est jamais ni tout à fait la même, ni tout à fait une autre » mais suppose, obligatoirement, une relation entre un minimum de deux êtres, deux *anthropoi* ; et pour que la relation soit enrichissante, elle doit s'inspirer de la *philia*, ce mot intraduisible que nous a légué la pensée grecque.

Enseigner, c'est « donner un signe », montrer la voie, permettre à l'autre d'entamer un chemin, l'inciter à devenir quelqu'un. Si l'on parle d'un « enseignant » ou d'une matière « enseignée », il est rarissime de dire que quelqu'un est « enseigné ». Car celui à qui l'on enseigne ne peut ni ne doit demeurer passif. Au risque de déformer la relation philanthropique qui s'établit entre destinateur et destinataire de l'enseignement.

Enseigner, c'est « instruire ». Un mot à l'origine magnifique ! De la même famille que « construire », instruire, c'est « dresser, élever » – eh oui, c'est de là que vient le mot « élève » –, « assembler » mais aussi « munir, outiller »... Instruire, c'est donner des outils de compréhension, de réflexion. C'est guider la pensée de l'autre – des autres – jusqu'à ce que se construise un édifice intellectuel commun, sorte de charpente dont chacun se servira pour se construire lui-même.

Enseigner, c'est éduquer, « conduire au-dehors », nous dit l'étymologie, faire émerger, de ces chrysalides que sont des enfants ou des adolescents, un adulte responsable, un être pensant. L'enseignant, l'éducateur ne se prend pas pour Pygmalion, et l'élève n'est ni Galatée ni Pinocchio.

Enseigner, c'est apprendre. Un drôle de mot à sens réversible : on apprend quelque chose de quelqu'un, on apprend quelque chose à quelqu'un. Comment mieux dire la relation d'échange, base même de la philanthropie, qui s'établit entre celui qui donne et celui qui reçoit, l'interaction qui, sans gommer la différence, ni instaurer une pseudo-égalité, permet aux uns et aux autres de s'enrichir.

Comme la philanthropie offre son amitié à tous les êtres humains, l'enseignement doit s'adresser à tous : garçons, filles, hommes, femmes, au-delà des « genres », des âges, des sexes, des origines... En France, c'est un temps long qui a progressivement établi cette égalité de tous face à l'enseignement, au moins en théorie... Mais faut-il le rappeler ? Il est des pays où ce principe même n'a pas cours.

▪ **Jérôme Saltet**
Cofondateur du groupe Play Bac
et président de l'École de la générosité

L'enseignement, c'est la transmission du savoir. Point. La philanthropie, qui n'est pas un savoir, mais une valeur morale, ne s'enseigne pas. Fin de l'article.

Eh bien, pas tout à fait. N'enseigne-t-on vraiment que des savoirs ? Comme le souligne Edgar Morin, la mission de l'enseignant, c'est d'« enseigner à vivre ». « Vivre est le métier que je lui veux apprendre », écrivait Jean-Jacques Rousseau. Vivre, c'est forcément vivre avec les autres, vivre en société. La philanthropie, entendue comme l'amour de l'autre, vient alors au premier rang de ce qui se doit d'être enseigné. L'Éducation nationale le reconnaît d'ailleurs volontiers quand elle décrit les fameux apprentissages fondamentaux comme le savoir-« lire, écrire, compter et vivre ensemble ».

C'est d'autant plus évident dans un monde où la plupart des savoirs sont désormais disponibles et accessibles sans enseignement formel, au contraire des savoir-faire, des savoir-être et de ce fameux « savoir-vivre ensemble ».

Parmi les savoir-faire indispensables, il en est au moins un que l'école doit absolument transmettre : le savoir-apprendre. L'époque où l'on pouvait imaginer acquérir définitivement à l'école l'ensemble des savoirs qu'il faudrait mobiliser sa vie durant est révolue. Tous les jeunes savent aujourd'hui qu'ils auront à apprendre tout au long de leur existence. Il leur faut donc apprendre à apprendre.

Or la première condition pour apprendre, c'est d'en avoir envie. Cette envie est naturelle et universelle chez les plus jeunes. La grande mission de l'enseignant est d'entretenir ou de ranimer la flamme du désir d'apprendre sans laquelle il n'y a pas d'apprentissage profond. Cette flamme passe d'abord par la confiance et l'estime de soi, qui grandissent spectaculairement quand un enfant peut s'engager au service des autres. Le désir d'apprendre s'entretient encore par la pédagogie de projet, qui permet aux enfants de s'engager en étant acteurs de leurs apprentissages. On apprend mieux en faisant qu'en écoutant. On apprend mieux ensemble que seul. Quoi de mieux qu'un projet permettant concrètement d'aider un autre en difficulté ? Enfin, il n'y a pas de désir d'apprendre dans un climat scolaire dégradé. Développer l'empathie, fondement de la philanthropie, améliore le climat scolaire et favorise ainsi un enseignement réussi.

Si l'on entend parfois que « la philanthropie serait l'affaire des riches », elle cesse en réalité de l'être dès lors qu'elle est enseignée à l'école. Entendue comme « l'amour du genre humain », elle est un formidable levier pédagogique qui permet à chacun de trouver une place active dans la société, dès son plus jeune âge.

C'est toute la force du slogan de l'École de la générosité, « Nous avons tous le pouvoir d'aider » : quelles que soient notre condition, notre origine, nos convictions…

Alors oui, enseignons la philanthropie, et enseignons par la philanthropie !

Entreprises

■ Arthur Gautier
Professeur titulaire de la chaire philanthropie de l'ESSEC

Une entreprise peut-elle être philanthrope ? En France, on peine à traduire l'expression *corporate philanthropy*, fréquente en langue anglaise, mais qui sonne comme un oxymore à nos oreilles. Pourtant, plus de 40 % des dons en France sont effectués par des entreprises, au moins 1 600 fondations ont été créées par des entreprises, soit près de 30 % des fondations françaises. Dès lors, comment expliquer cette difficulté à associer les mots « philanthropie » et « entreprises » ?

Historiquement, les premiers mécènes et philanthropes étaient des individus fortunés et puissants. Des personnes physiques qui donnaient à titre personnel. L'idée même de philanthropie étant une vertu, elle s'appliquait aux individus et à leur rapport avec leurs semblables. Cette conception domine jusqu'au XIXe siècle, où le tournant de la modernité a engendré la société commerciale et la notion de personne morale. Mais la philanthropie, même dans le cadre de la manufacture ou de l'usine, reste incarnée par un individu : le paternalisme est un système où le patron prend soin de ses employés et de leurs conditions de vie. C'est lui, pas une abstraite entreprise, qui finance pour eux des logements décents, des crèches ou des centres de santé.

Il faut attendre l'apparition de la grande entreprise et du capitalisme managérial au XXe siècle pour entrevoir un changement de paradigme. Dans la France post-1945, l'entreprise capitaliste joue un rôle moteur dans le développement du pays. Mais personne n'attend d'elle qu'elle soit « philanthrope » :

qu'elle soit profitable, offre des produits utiles, crée des emplois et paie des impôts et charges afin que l'État providence déploie des services d'intérêt général. Une opinion largement partagée, même au sein du patronat. Jusqu'aux années 1970, où certaines entreprises commencent à donner régulièrement pour les musées, le patrimoine, le spectacle vivant… Mais si le budget est celui de l'entreprise, c'est souvent le patron seul qui est à l'origine des choix : la fameuse « danseuse du président » !

C'est à partir des années 1980, marquées par la crise de l'État providence, que l'entreprise comme personne morale assume un rôle croissant dans le soutien à de nombreux domaines d'intérêt général, au-delà de la culture. La communication institutionnelle émerge et le « mécénat d'entreprise » soigne sa réputation autrement que par ses produits. Les besoins financiers sont nombreux et certaines associations se tournent avec pragmatisme vers les entreprises. Le mécénat se professionnalise dès les années 1990. Le PDG l'incarne mais n'est plus seul décisionnaire. Un staff dédié y travaille, des collaborateurs s'impliquent, les fondations d'entreprise apparaissent, des processus de sélection et d'évaluation sont formalisés. L'alignement du mécénat avec la stratégie et le cœur de métier de l'entreprise devient la norme dans les grands groupes.

La lente remise en cause du profit actionnarial comme finalité première de l'entreprise a engendré de nouvelles pratiques, où celle-ci agit en faveur de ses parties prenantes. Le mécénat en a été le pionnier, avant que la responsabilité sociétale de l'entreprise (RSE) ne devienne une norme juridique. Aujourd'hui, il est concurrencé par des pratiques foisonnantes qui brouillent davantage les pistes entre l'intérêt de l'entreprise et l'intérêt collectif. Dans certains cas, la propriété d'une entreprise est cédée à une fondation ayant un double objectif de pérennité économique et philanthropique. Par ailleurs, certaines entreprises exemplaires dans leur performance sociale et environnementale ne font pas de mécénat. Inversement, les compagnies pétrolières sont souvent de grands mécènes.

La recherche de cohérence entre toutes ces pratiques « à impact positif » et les externalités de l'entreprise dues à son activité va devenir cruciale. La législation récente sur la raison d'être des entreprises et la « société à mission » montre qu'à défaut d'être philanthrope, l'entreprise se cherche une finalité et un rôle plus étendus, dans une société fracturée où les pouvoirs publics peinent à assurer seuls le bien-être collectif.

État

« L'État ou la Cité n'est qu'une personne morale dont la vie consiste dans l'union de ses membres. » Jean-Jacques ROUSSEAU

■ Jérôme KOHLER
Conseiller philanthropique
et cofondateur de la chaire philanthropie de l'ESSEC

Moloch, mastodonte, *Nanny State* : l'État est souvent décrit par certains philanthropes comme un géant dont il faut se méfier et contrebalancer les effets, tout en améliorant ses actions. La philanthropie se positionne parfois comme une alternative aux politiques publiques et à leurs limites géographiques. Les mégafondations n'ont pas vocation à traiter un problème sanitaire local, mais à éradiquer une maladie à l'échelle de continents, de manière supraétatique. Elles ne se contentent pas d'améliorer la scolarité au niveau d'un territoire, mais veulent tester des solutions innovantes d'éducation au niveau d'un pays entier. Comme lors de l'âge d'or de la philanthropie (celle des Rockefeller, Carnegie ou Ford), les nouveaux philanthropes ultrariches ne peuvent que constater le recul de l'État dans les domaines de l'intérêt général et la nécessité d'offrir des réponses aux maux dont souffre la société. La force de frappe de ces mégafondations, créées et dirigées parfois par une seule personne, est telle que nombreux sont ceux qui y voient une menace pour la démocratie.

Plus généralement, la philanthropie intervient de manière interstitielle, se glisse dans les zones grises des politiques étatiques qui ne couvrent que partiellement des enjeux comme ceux de la santé mentale, de la transition écologique ou d'accès réel aux études supérieures du plus grand nombre. Elle intervient alors en complément ou en supplément de l'État, mais non à la place de celui-ci. Mais s'agit-il réellement de deux acteurs distincts sans liens entre eux ? Philanthropie et État sont bien plus imbriqués qu'il n'y paraît.

Par un simple calcul, d'abord : l'État subventionne fortement la philanthropie et le mécénat. Ainsi, en France, la réduction d'impôts est de 60 % des montants donnés pour les entreprises, 66 % pour les particuliers et jusqu'à 90 % pour l'achat de trésors nationaux. Par ailleurs, l'État définit très largement les domaines de l'intérêt général où la philanthropie peut intervenir tout en laissant aux philanthropes la totale liberté des causes qu'ils souhaitent soutenir. Il crée des outils *ad hoc* pour favoriser la philanthropie comme les fonds de dotation ou les fondations abritées. Bref, il crée un environnement favorable à la philanthropie.

Enfin, l'action et l'intervention de l'État restent le moteur de la lutte contre les inégalités et de l'entretien d'un service public universel à l'échelle nationale. Les chiffres le montrent :

en France, la philanthropie et le mécénat représentent environ 8,5 milliards d'euros tous domaines confondus, soit 14 % du seul budget annuel de l'Éducation nationale. La philanthropie joue un rôle mais celui-ci est modeste. Pas de lutte contre le Covid ou pour l'urgence climatique sans les moyens phénoménaux et toute la force d'un État au service exclusif de l'intérêt général.

Cela ne l'empêche pas d'innover, d'expérimenter, d'intervenir là où l'État ne peut agir finement et de plaider pour des causes aussi essentielles que la protection de la biodiversité, l'accès aux soins ou le traitement des détenus. La philanthropie est rapide, réactive, dispose d'effets de levier importants, notamment quand elle pratique aussi l'investissement à impact avec ses actifs. Ceux qui promeuvent un changement systémique oublient parfois d'associer l'État comme un partenaire de travail incontournable pour réformer tout système qui dysfonctionne. Inversement, l'État a de plus en plus tendance à se défausser et à en appeler aux associations et aux fondations, nonobstant leurs limites.

Philanthropie et État se développent de manière consubstantielle. La protection du patrimoine en est un exemple, rassemblant ministère de la Culture, Fondation du patrimoine et Loto du patrimoine. De même, la recherche médicale a bénéficié de la création de l'Institut du cerveau financé en partie par la philanthropie, tout en s'inscrivant dans le cadre de l'hôpital public de la Pitié-Salpêtrière. Ce type de partenariats publics-philanthropiques soulignent à la fois les spécificités et la valeur ajoutée de chaque acteur tout en permettant une efficacité des interventions bien supérieure.

▪ Pierre-Henri TAVOILLOT
Philosophe, maître de conférence à Sorbonne Université
et président du Collège de philosophie

La philanthropie est l'amour de l'humanité en général, ce qui l'expose d'emblée à deux objections : l'abstraction et la naïveté. L'abstraction, car aimer l'humanité en général, cela ne revient-il pas à n'aimer personne en particulier ? La naïveté, car comment croire que les humains soient aimables alors qu'on constate si souvent leur radicale méchanceté ? La philanthropie ressemble donc plus à un doux rêve qu'à un projet politique sérieux. Celui-ci se formule beaucoup plus brutalement : « Comment vivre ensemble sans s'entre-tuer ? » Et s'il ne fallait miser que sur l'amour de l'humanité pour fonder la vie commune, aucune cité n'aurait jamais existé. Et pourtant.

Voici ce que raconte la version platonicienne du mythe de Prométhée (Protagoras). On se souvient que dans le grand partage originel du monde vivant dont Zeus avait confié la tâche à Prométhée et à son frère Épiméthée, ce dernier avait oublié l'humain. Alors que toutes les espèces étaient pourvues pour assurer leur pérennité, l'homme se trouvait plus nu qu'un ver. Ni griffes, ni cornes, ni fourrure, ni vitesse, ni ailes… C'est pour corriger cet oubli de son frère que Prométhée s'en alla dérober la technique à Athéna et le feu à Héphaïstos. Il projetait aussi de voler l'« art politique » à Zeus, mais sans succès, car celui-ci était jalousement gardé. Le résultat fut assez bancal. Certes, grâce au pouvoir quasi divin de la création technique, les humains purent survivre, mais, incapables de vivre ensemble, leur espèce restait menacée. Désunis, ils étaient dévorés par les bêtes ; rassemblés, ils s'entre-tuaient eux-mêmes.

Inquiet de ces désordres continuels, Zeus se résolut à envoyer Hermès apporter aux humains la « douceur » (*aidos*) et la « justice » (*dikè*). C'était le moyen, nous dit Platon, qu'« il y eût dans les cités un ordre établi et les liens créateurs d'amitié ».

Alors que, bien plus tard, Hobbes fera naître l'État de la peur de mourir (Léviathan), Platon le fait émerger ici du goût pour la douceur de vivre. Pour le premier, l'homme est un animal qui a besoin d'un maître ; pour le second, l'homme est capable d'altruisme. Pour le premier, l'homme est un loup pour l'homme ; pour le second, il peut aussi être une louve. Pour le premier, la société exige de l'autorité ; pour le second, de la civilité. En fait, Hobbes et Platon ont raison tous les deux, car ces deux ingrédients sont requis pour faire État et société. Simplement le monde moderne a inventé un troisième terme pour tenter de les relier : la solidarité.

À la différence de la générosité qui vise l'action désintéressée, la solidarité combine altruisme et égoïsme. Être solidaire, en effet, c'est agir non en renonçant à son intérêt, mais en faveur de quelqu'un dont on partage les intérêts, de sorte qu'en défendant les siens, je protège les miens ; et en défendant les miens, je protège les siens. La solidarité repose donc, comme l'égoïsme, sur un calcul, mais un calcul élargi, qui intègre, au-delà du gain immédiat, le temps long, les générations futures et des éléments peu quantifiables comme la convivialité, la reconnaissance, le sens du collectif… C'est de cette solidarité collective que l'État se doit d'être à la fois le garant et l'incarnation. Assurances sociales, impôts redistributifs, incitations fiscales… : c'est aussi sous l'autorité de cet État solidaire que la philanthropie peut devenir à la fois concrète et réaliste sans se contenter d'être un beau et doux rêve.

Évaluation

■ Suzanne Chami
Déléguée générale de l'Institut IDEAS

Depuis quelques années, l'évaluation s'impose au secteur associatif et au monde de la philanthropie, « dans un contexte marqué par la recherche de la performance et de la reddition de comptes », comme le démontrent avec force et rigueur Marion Studer, Giorgia Trasciani et Francesca Petrella dans leur revue de littérature[1].

Quelles sont les conditions aujourd'hui pour aboutir à un paradigme où l'évaluation révèle la création de valeur de la philanthropie et permet de partager une vision du monde cohérente, définie collectivement ?

Comment passer de l'injonction à la pleine appropriation par les acteurs de la philanthropie de cette notion complexe ?

S'il est facile de s'accorder sur une définition du terme, évaluer signifiant « estimer, juger pour déterminer la valeur[2] », le sens de l'évaluation relève d'une réflexion plus difficile à mener, car il s'agit de s'accorder sur des valeurs.

Or la valeur n'est pas absolue.

En 2022, Patrick Viveret définit l'évaluation « comme une délibération sur les valeurs », et, ce faisant, refuse « de la réduire à un simple exercice de mesure[3] ».

Et Hélène Lassida, chercheuse du Greus[4], le souligne : « L'évaluation se distingue de la mesure. Évaluer, c'est plus

1. *Évaluation des associations en France 2023*, Injep (Institut national de la jeunesse et de l'éducation populaire).
2. www.eval.fr/quest-ce-que-levaluation/.
3. *Ibid.*
4. www.greus-lab.fr/wp-content/uploads/2022/07/GUIDE-METHODOLOGIQUE-2018-Evaluer-utilite-sociale.pdf.

qu'identifier un effet ; c'est donner de la valeur, identifier le sens, pas uniquement ce que l'on a fait mais ce que cela signifie. »

Dans ce contexte, il est nécessaire de s'interroger sur le sens et les objectifs que les associations et les philanthropes souhaitent donner à l'évaluation, en tenant compte de la pluralité des systèmes de valeurs qui coexistent au sein de la société.

Les acteurs de la philanthropie, que sont les associations, les fonds et les fondations, sont déterminés par les principes de non-lucrativité et de gestion désintéressée et incarnent ainsi une vision alternative au modèle lucratif dominant.

À ces deux principes intangibles, les associations ajoutent le principe démocratique, incarné par l'assemblée générale, qui constitue le cœur de la gouvernance associative.

Ces trois principes, non-lucrativité, gestion désintéressée et démocratie, caractérisent la « façon d'être » de la mission philanthropique, qui ne peut être envisagée séparément de la « façon de faire », c'est-à-dire du résultat des actions philanthropiques menées.

L'enjeu de l'évaluation est donc d'analyser les acteurs philanthropiques au prisme de ce qu'ils sont et de ce qu'ils font, de façon indissociée.

En effet, « avant d'être un ensemble de techniques, l'évaluation est avant tout un acte politique[1] », insiste Patrick Viveret.

Et l'action philanthropique relève avant tout d'une vision transformatrice de la société. Elle ne doit pas être réduite à une action de réparation dont on se contenterait de mesurer les effets. L'évaluation est alors une démarche qui cherche à dire le sens de « ce que l'on fait ensemble ».

1. www.eval.fr/quest-ce-que-levaluation/.

Pour porter cette vision transformatrice, l'évaluation doit être conçue comme un outil de dialogue entre les parties prenantes de la philanthropie, pour révéler l'intangible, l'immatériel.

Au-delà du résultat, l'évaluation s'attache ainsi à comprendre et à valoriser les modalités d'actions de la philanthropie, notamment le bénévolat, puissant levier d'engagement citoyen, qui participe de la création de valeur de l'association.

Autre composante essentielle de toute méthode d'évaluation : le facteur temporel. En inscrivant l'évaluation dans le temps long, les acteurs philanthropiques peuvent s'extraire de la logique de « rendre des comptes » et proposer à l'inverse de « rendre compte » et de « conter » ce qui a de la valeur.

Ces trois prérequis, l'accord sur les valeurs, le dialogue entre les parties prenantes et l'inscription dans le temps long, doivent permettre de qualifier de façon approfondie l'apport de la philanthropie à la société, en révélant la valeur sociétale créée, par une représentation partagée de cette valeur, dans un nouveau récit, vecteur d'une société apaisée, plus durable.

F

Famille

« Il n'existe que cinq choses contre lesquelles il faut se battre : les maladies et les passions du corps, l'ignorance, les guerres civiles et les disputes de famille. » PYTHAGORE

■ **Brigitte ROZEN**
Avocate honoraire en droit de la famille

La famille est la source et le catalyseur de l'action philanthropique.

C'est en son sein que se forgent la curiosité, l'empathie, la générosité, l'humilité et l'intégrité nécessaires à l'action philanthropique.

C'est la famille qui transmet l'idée de réparation du monde dans laquelle nous avons conscience de notre rôle à jouer et confiance dans notre capacité à l'accomplir.

C'est parfois en observant sa famille que l'on peut faire le choix de l'espoir et de l'action plutôt que de la résignation.

Plus tard, c'est grâce à la stabilité de sa famille que l'on peut mettre à profit ce capital inconscient de valeurs. Au fond, être philanthrope, c'est appliquer ses valeurs familiales à l'humanité.

▪ Sabine Roux de Bézieux
Présidente d'Un esprit de famille

La famille est le premier espace où l'on découvre les valeurs de partage, de compassion, de pardon et de solidarité ; un milieu où l'on vit des émotions, des projets, des histoires… et où l'on construit des liens, qui transcendent les générations. Par la famille, nous nous découvrons ancrés dans l'histoire et projetés dans l'avenir. Les familles sont aussi une source d'inspiration et un terreau pour agir ensemble, notamment à travers la philanthropie familiale et privée.

Chaque famille a son histoire, ses histoires même. Certaines histoires peuvent être douloureuses, certaines familles traverser des crises, des personnes n'avoir plus de familles sur lesquelles s'appuyer, ou appartenir à des familles qui les détruisent. D'autres histoires irriguent l'engagement de ses membres dans la société : un territoire sur lequel on souhaite agir, une détresse que l'on souhaite atténuer, un drame vécu que l'on veut éviter à d'autres, une expérience heureuse que l'on souhaite partager avec le plus grand nombre…

Dans certaines familles circule une évidence : celle que chacun doit agir gratuitement et discrètement en faveur de l'intérêt général et particulièrement pour les plus fragiles dans notre société. Parfois, cette évidence se vit collectivement, avec des projets menés ensemble en faveur d'une cause partagée. C'est alors un privilège de faire partie d'une famille qui cherche à avoir un impact autour d'elle.

Vivre la philanthropie en famille, c'est avoir une réflexion profonde sur les valeurs qui nous animent et les causes qui nous touchent. Quels maux souhaitons-nous guérir ensemble ?

Comment souhaitons-nous agir en respectant les aspirations de chacun ? Par quels moyens ? Autant de questions qui permettent de façonner une vision commune et d'élaborer une stratégie d'action structurée et de long terme.

Comme la famille, la philanthropie familiale a cette particularité de ne pas entrer dans une case, elle revêt des formes diverses et riches : dons financiers, bénévolat, création d'une structure juridique dédiée... Dans ce dernier cas, c'est une « maison de famille » virtuelle qui voit le jour : un objet juridique qui devient un pan de l'horizon patrimonial familial. Les conversations de famille peuvent ainsi se détourner de leurs propres préoccupations, s'ouvrir généreusement aux détresses de l'humanité ou à l'état de la planète.

La philanthropie renforce les liens du cœur qui unissent les générations. Elle relie le passé et le présent, créant un héritage « du bien » pour les générations futures. En travaillant ensemble pour apporter du réconfort, du soutien et de l'espoir à ceux qui en ont besoin, chaque membre de la famille nourrit un besoin d'utilité et de fierté partagées, apprend la joie et l'importance de tendre la main à ceux qui souffrent. Le plus souvent de façon discrète, « en famille ».

En fin de compte, la famille et la philanthropie familiale sont un mélange puissant d'amour et de compassion. La famille nous offre une fondation solide pour comprendre le monde qui nous entoure, et la philanthropie familiale nous permet de le transformer avec un cœur aimant et une main tendue. Ensemble, elles sont une source incommensurable de force, de chaleur humaine et de changement positif dans notre société.

Femme(s)

▪ Chantal Bigot
Extrait du portrait de Marguerite Boucicaut
in *Femmes mémorables*[1]

Lorsque Aristide Boucicaut meurt en 1877, il laisse Marguerite, sa veuve, à la tête d'une entreprise forte de 72 millions de francs de chiffre d'affaires et employant près de mille huit cents personnes. Sa réussite avait été rapide. Il était devenu propriétaire du magasin de mercerie du même nom en 1863 et avait posé la première pierre du premier « grand magasin » parisien en 1869. Un an après la mort de son fils, en 1879, Marguerite Boucicaut, considérant que désormais le personnel du Bon Marché est sa seule famille, décide de partager la propriété de l'entreprise. Pour ce faire, elle crée une société dont une centaine de salariés deviennent actionnaires (leur nombre augmentera au cours des années), qu'elle complète en 1886 par la formation d'une SCI propriétaire des terrains et bâtiments. À son décès, tout est en place pour que dure une « prospérité qui n'était que viagère » : l'entreprise reste aux mains des salariés auxquels elle lègue, de surcroît, plus de 15 millions de francs.

Née dans une masure à la lisière d'un village déshérité de Bourgogne, Verjux, fille sans père d'une couturière indigente et illettrée, gardeuse d'oies dès la plus petite enfance, jamais Marguerite Boucicaut n'oubliera ses origines. Envoyée à Paris à l'âge de 12 ans, travailleuse et économe, elle y commence une modeste ascension (apprentie blanchisseuse, employée puis

1. Josyane Savigneau, Chantal Bigot, Valérie Cadet et Monique Nemer (dir.), *Femmes mémorables*, Bouquins, 2023.

gérante d'une crémerie) jusqu'à sa rencontre en 1834 avec Aristide Boucicaut, jeune commis de magasin, qui a suivi un chemin parallèle au sien. Si la vision pionnière du commerce appartient à Aristide, c'est sans doute à Marguerite qu'on doit les avancées sociales qui sont mises en place au Bon Marché : cantine, cours du soir, jour de repos hebdomadaire payé, création, en 1876, d'une caisse de prévoyance financée par les bénéfices de l'entreprise. Elle est suivie dix ans plus tard par une caisse de retraite.

Mais les employés du Bon Marché ne sont que les premiers bénéficiaires de sa générosité. Précise, voire tatillonne, Marguerite Boucicaut, dans un testament d'une longueur exceptionnelle (cinquante pages imprimées), vient au secours de toutes les misères en finançant des institutions destinées aux vieillards, aux filles-mères, aux jeunes ouvriers et ouvrières, aux artistes et enseignants, aux « malheureux journalistes ». Un legs particulier est fait à Pasteur « bienfaiteur de l'humanité ». Profondément croyante, elle multiplie les legs pieux en faveur de tous les cultes : « alors même que leurs confessions ne sont pas les miennes ».

Sa légataire universelle est l'Assistance publique, « meilleur agent du bien que je veux faire », notamment par la construction d'un hôpital qui porte son nom et qui ne sera fermé qu'en 2000.

Une de ses vendeuses, Marie-Louise Jaÿ (1838-1925), suit ses traces : forte de son expérience au Bon Marché, elle entreprend de développer la boutique que son époux Ernest Cognacq a ouverte en 1869 à l'enseigne de la Samaritaine. Le couple reprend les formules qui ont fait le succès du Bon Marché : prix fixes et faibles marges par exemple. Il innove dans la vente à crédit. Le succès – grâce à un personnel strictement dirigé mais intéressé aux bénéfices – est au rendez-vous. La fortune suit, que le couple redistribuera dans des actions philanthropiques développées au sein d'une fondation qui porte toujours leur nom.

Fondations/fonds de dotation

▪ Marion LELOUVIER
Présidente du Centre français des fonds et fondations

Si la création, les opérations et la dissolution des fondations et fonds de dotation ont été encadrées au fil des siècles, leur héritage historique et leur développement international sont régulièrement source de confusion, que le XXIe siècle pourrait permettre ou intimer de dépasser en France.

En droit, la fondation émane d'une personne ou d'un groupe restreint de personnes, qui affecte des ressources financières ou immobilières privées à une cause qui les dépasse, vouée à l'intérêt général, librement et irrévocablement. Le fonds de dotation est l'une des huit formes qu'elle peut revêtir. Cousine de l'association, par ses missions sociales et son caractère non lucratif, la fondation l'est également de l'entreprise, par le nombre réduit de ses créateurs et gestionnaires, et la protection durable assurée par la dotation.

Selon le Haut Conseil à la vie associative, « fondations et fonds de dotation sont très attachés à la cohérence de leur secteur autour de ce dénominateur commun qu'est l'intérêt général, au sens philosophique comme au sens fiscal, [mission exclusive] par opposition à celle d'un intérêt privé ou économique, [qui] ne saurait ainsi être mise en concurrence avec d'autres finalités ». En France, soixante-cinq ans après la naissance de la Ve République, au cœur d'une période de polycrises, leur action repose sur trois engagements.

Le premier est la distinction nette et transparente entre la provenance des financements et leur destination, entre par exemple l'objet lucratif d'une entreprise et l'objet désintéressé de la structure philanthropique créée. Toute authentique fondation peut bénéficier de fonds publics et de la mécanique fiscale du mécénat, issus d'une économie de type capitaliste et versés sans contrepartie. Ces ressources servent en propre à la gestion d'établissements, l'accueil de publics ou la conduite de programmes, ou sont redistribuées à d'autres structures éligibles. Une nuance existe : quand la fondation consiste en un acte bâtisseur essaimant au long terme à partir d'un point de référence, le fonds de dotation désigne un outil de flux monétaires sur une temporalité plus liée à un projet urgent ou à terme défini.

La deuxième qualité de ces structures est l'équilibre de pouvoirs et contre-pouvoirs qu'elles instaurent dans leur fonctionnement, que ce soit avec l'État, qui dispose de moyens pour exercer un contrôle *a priori* dans la fondation et *a posteriori* sur le fonds de dotation, ou avec les donateurs, partenaires, experts, bénéficiaires, qui peuvent trouver une place dans les instances de gouvernance. Si leurs dirigeants ne sont pas légitimés par l'élection, les procédés validés par les autorités administratives sont gages d'indépendance, de compétences, d'honorabilité dédiées à l'objet et à sa pérennité. La fondation moderne est un lieu de rassemblement pionnier, d'écoute mutuelle et de dialogue apaisé.

La troisième marque philanthropique s'apparente à l'acception architecturale de ces mots. Base de construction pour l'un, pilier stabilisateur pour l'autre, fonds de dotation et fondation créent un ancrage profond et une dynamique pour l'avenir. En faveur du bien commun, de la cohésion sociale, d'un potentiel humaniste souvent fondé sur la science, ils relèvent de l'économie sociale et solidaire, que la Commission européenne a définie comme au service des personnes, privilégiant la finalité sociétale par rapport au profit, vectrice d'innovation sociale et écologique et de transformation sociétale et économique.

Fondation actionnaire

▪ Virginie SEGHERS
Présidente de la société Prophil
et fondatrice de la communauté De Facto

Fondation actionnaire : voici une expression qui ne manque pas de surprendre ! Elle allie d'apparents contraires : fondation rime avec intérêt général, utilité publique, désintérêt et long terme. Actionnaire avec capitalisme, propriété privée, performance économique et enrichissement financier rapide de quelques-uns.

Serait-ce donc un oxymore ? Une utopie, une provocation ? Nullement. En forgeant cette expression inédite en France[1], nous avons décrit et révélé une réalité hybride très développée en Europe du Nord, encore assez méconnue de nos pays latins. Avec plus de 1 400 fondations actionnaires au Danemark (Carlsberg, Novo Nordisk, Velux), 1 000 en Allemagne (Bosch, Bertelsmann, Carl Zeiss…), plus de 200 en Suisse (Rolex,

1. *Les Fondations actionnaires. Première étude européenne*, éditée par Prophil en partenariat avec Delsol avocats, la chaire philanthropie de l'ESSEC Business School et avec le soutien de Mazars.

Victorinox...), il s'agit d'un modèle très éprouvé et structurant du paysage économique et philanthropique de nos voisins.

En France, la fondation actionnaire émerge peu à peu et une communauté de pionniers se structure[1]. Elle n'est pas (encore ?) un statut. Elle désigne une fondation – ou un organisme assimilé, le fonds de dotation – propriétaire de tout ou partie des titres d'une entreprise. Une telle fondation n'est pas périphérique à l'entreprise : elle la détient.

En amont, les propriétaires font acte de philanthropie : ils se dépossèdent d'une partie ou de la totalité de leurs titres pour les donner à la fondation créée à cet effet. Devenant actionnaire, celle-ci protège l'entreprise détenue puisqu'elle sanctuarise la part de capital transmise. Elle exerce ses droits de vote selon le mandat qui lui est confié, prend des décisions stratégiques sans s'immiscer dans la gestion opérationnelle. Enfin, selon les vœux des fondateurs et son objet philanthropique, elle soutient financièrement des causes d'intérêt général grâce aux dividendes perçus (et peut recevoir des dons, donations, legs...).

Les entrepreneurs qui choisissent la fondation actionnaire ont des profils et des motivations variés. Mais ils sont tous mus par la recherche d'un modèle utile et pérenne de transmission, protecteur de l'entreprise et contributif aux défis de la planète. Ils considèrent que se déposséder en faveur d'une fondation n'est pas sacrificiel, qu'à partir d'un certain niveau de fortune, s'enrichir personnellement en vendant l'entreprise n'a pas de sens et peut même avoir des effets pervers. Certains de leurs enfants se sentent ainsi soulagés du poids financier et moral de l'héritage et acceptent même de renoncer par anticipation à une partie de celui-ci au profit d'une fondation

1. De Facto : Dynamique européenne en faveur des fondations actionnaires.

dont ils sont fiers et dans laquelle ils peuvent s'impliquer. En absence de descendants, la fondation actionnaire peut s'avérer une solution pertinente de transmission (comme chez Pierre Fabre), évitant la vente de l'entreprise tout en restant fidèle aux valeurs fondatrices.

Les études prouvent que les performances des entreprises ainsi détenues sont meilleures que celles où l'actionnariat est dispersé, leur croissance moins rapide mais plus stable, avec des résultats moins volatils. Elles semblent mieux traverser les crises conjoncturelles, avec une forte fierté et une fidélité des collaborateurs, rassurés par la stabilité de l'actionnariat. Rien n'empêche cependant qu'une partie des entreprises ainsi détenues soit cotée en Bourse, comme c'est le cas de fleurons industriels danois ou allemands.

Alors que les mots de sobriété, de renoncement, de réindustrialisation, de souveraineté économique, d'emploi, de territoire, de solidarité n'ont jamais eu autant d'écho, les fondations actionnaires sont un modèle inspirant de propriété et de gouvernance pour les entrepreneurs soucieux de mieux partager la valeur économique et d'écrire un nouveau récit autour des communs.

Franc-maçonnerie

■ Pierre-Yves Beaurepaire
Professeur d'histoire moderne à l'université Côte d'Azur et à l'Institut universitaire de France

Pour *L'Encyclopédie* de Diderot, le siècle des Lumières serait le « siècle de la bienfaisance et de l'humanité ». De la charité chrétienne à la bienfaisance éclairée, un processus de sécularisation de l'assistance est effectivement à l'œuvre. À la fin du siècle, il prend la forme d'une revendication philanthropique. Parce que l'amour de l'humanité ne saurait être neutre, il suppose un engagement. C'est pourquoi la philanthropie est le fait de l'avant-garde des Lumières, celle qui milite pour l'interdiction de la traite négrière et pose la question des frontières de l'humanité. Le projet maçonnique est le laboratoire de cet engagement philanthropique comme l'indique très tôt le « Discours de Ramsay » (1736-1738), lorsque, venue des îles Britanniques, la franc-maçonnerie se structure en France : « Ces qualités sont la Philanthropie, le Secret inviolable et le goût des Beaux-Arts. »

Elle ambitionne en effet de « réunir ce qui est épars », permettre à des « hommes qui sans cela seraient restés à perpétuelle distance de se reconnaître comme frères ». Si au XXIe siècle encore, la maçonnerie anglaise insiste sur les *charities* et une dimension traditionnelle de l'assistance, le projet fondateur a permis aussi à une maçonnerie plus « libérale » de repenser l'ordre social, économique et politique. En France comme en Belgique, les loges maçonniques qui choisissent de s'intituler Les Amis philanthropes ne veulent plus se contenter de belles paroles. Elles aspirent à intervenir dans la cité, notamment par l'éducation pour tous pour en faire un levier d'émancipation.

Mais bien d'autres barrières subsistent, à commencer par celle qui distingue l'esclave de son maître. La franc-maçonnerie a longtemps conté une histoire officielle qui lui tressait les lauriers d'un engagement pionnier en faveur de l'interdiction de l'esclavage. En fait, la réalité est plus complexe et reflète ici aussi les contradictions du temps. Au XVIIIe siècle, la franc-maçonnerie était très active dans les colonies. Les planteurs étaient nombreux dans les temples, et il était hors de question pour eux que des francs-maçons qui se seraient unis à des « libres de couleur » puissent continuer de fréquenter les loges. C'est donc en métropole que débute le combat pour l'interdiction de la traite, destinée à éteindre progressivement les ressources en esclaves. Il rencontre beaucoup de résistances et il faut attendre le XIXe siècle pour que l'abolition soit définitivement adoptée.

De même, la République universelle des francs-maçons se veut un espace de tolérance entre chrétiens, par-delà les fractures confessionnelles, mais elle peine durablement à s'étendre aux non-chrétiens. Des cas de réception de Juifs et de musulmans existent, mais ils sont limités et provoquent des résistances. À Bordeaux, comme à Bayonne, les loges locales se divisent et se déchirent à propos de l'admission de francs-maçons juifs. Il en va de même en Allemagne, et le philosophe et franc-maçon Éphraïm Lessing pointe l'écart entre le discours et les actes.

Ces résistances à repousser les bornes de la philanthropie jusqu'aux limites de l'humanité sont enfin très perceptibles à l'époque contemporaine dans le monde colonial. Le poème de Kipling, « La Loge Mère », a marqué les esprits : « Dehors, on se disait : "Sergent, Monsieur, Salut, Salam !"/Dedans, c'était : "Mon frère !" et c'était bien ainsi », mais le quotidien des loges est moins flatteur. Aujourd'hui encore, aux États-Unis, les francs-maçons noirs se retrouvent majoritairement dans les grandes loges de Prince Hall, du nom d'un esclave affranchi fondateur en 1775, à Boston, de l'African Lodge n° 459. Malgré tous leurs efforts pour être reconnues comme « régulières » par les grandes loges « caucasiennes » (blanches), elles demeurent encore aujourd'hui rejetées par celles de l'ancien Sud esclavagiste.

G

Générosité

« La vraie générosité envers l'avenir consiste à tout donner au présent. » Albert Camus

▪ Pierre Siquier
Président de France générosités

À la sortie du Covid, tout le monde parlait de la construction du monde d'après, qui devait être plus juste, plus écologique et plus solidaire. Nous allions réinventer la société du vivre-ensemble. Les organisations qui font appel à la générosité du public comptaient bien prendre leur part dans cette réflexion passionnante aux côtés des pouvoirs publics pour réécrire une page du contrat social français. Elles sont depuis toujours des acteurs majeurs de la société civile, originaux par leur positionnement à gestion désintéressée.

Nous nous trouvons, aujourd'hui, au cœur d'une succession de crises : sanitaires, climatiques, sociales, géopolitiques qui risque de nous faire complètement oublier cette envie collective de faire autrement.

Comment la générosité s'intègre-t-elle dans les politiques publiques, quel doit être son rôle dans des secteurs aussi variés que la solidarité, l'environnement ou la recherche médicale ?

La chaîne d'acteurs de la générosité est au service de l'intérêt général et est à la source de nombreuses avancées sociales, environnementales ou sanitaires.

Nos organisations répondent bien sûr avec beaucoup d'efficacité aux crises sociales et environnementales, aux catastrophes naturelles, aux côtés des pouvoirs publics. Face à l'émotion générée par ces événements tragiques, les Français dans leur ensemble ainsi que de nombreux chefs d'entreprise, artistes et vedettes du sport se mobilisent régulièrement par des dons significatifs. L'émotion l'emporte alors et c'est tant mieux, mais elle ne doit pas devenir la règle du jeu.

Les acteurs de la générosité pourraient se contenter de réparer les fractures existantes du monde moderne, exceptionnelles ou systémiques, par des approches classiques mais le risque est de ne pas régler durablement les problèmes. Une approche complémentaire est alors nécessaire.

Si l'approche curative est au cœur de leurs activités, de nombreuses associations et fondations se positionnent parallèlement sur une approche préventive. Elles proposent des solutions innovantes pour prévenir ces situations difficiles, pour penser aux causes afin de réfléchir aux solutions avec un coup d'avance ; elles inventent un avenir, celui d'une société plus juste et plus solidaire. Les initiatives sont nombreuses : prise en charge des jeunes de 18 ans issus de l'Aide sociale à l'enfance, parrainage de proximité pour un enfant fragilisé, véhicules pour aller vers les personnes précarisées dans les territoires, unités de soins palliatifs dans les hôpitaux, territoire zéro chômeur de longue durée, recherche sur les maladies génétiques les plus rares, etc.

Nous constatons que, trop souvent, ces initiatives sont peu ou mal prises en compte par la sphère publique, les organisations du secteur étant rarement parties prenantes dans la définition des politiques publiques. Alors que nous pourrions collaborer beaucoup plus efficacement à la recherche des bonnes solutions. Par leur présence sur tous les territoires au plus proche des Français, par leur réelle connaissance des enjeux, les associations et les fondations sont des acteurs clés de la cohésion sociale.

À l'été 2019, Gabriel Attal alors secrétaire d'État organisait « Philanthro… quoi ? » à la Gaîté-Lyrique et le Premier ministre mandatait les députées Sarah El Haïry et Naïma Moutchou pour une mission sur l'évolution du cadre de la philanthropie. Cette dernière est ainsi approchée pour la première fois comme un sujet de potentielle politique publique à part entière.

Nous appelons de nos vœux le prolongement de ces réflexions afin que naissent une nouvelle relation et un véritable partenariat entre les pouvoirs publics et les organisations faisant appel à la générosité publique. La société ne peut plus ne compter que sur l'État providence, elle a la chance d'avoir un réservoir de compétences, d'engagement et de financement au travers des acteurs de la générosité. Il est temps que le monde politique en prenne la juste mesure.

■ Sarah El Haïry
Ministre déléguée chargée de l'Enfance, de la Jeunesse et des Familles et auteur avec Naïma Moutchou en 2020 du rapport parlementaire *La Philanthropie à la française*

La générosité consiste à donner, le cas échéant avec largesse, sans rien attendre en retour. Cette absence de réciprocité est, d'ailleurs, parfois d'autant plus naturelle que le bénéficiaire de la générosité n'en a pas connaissance ou n'est pas un individu, mais une organisation collective.

La générosité a ainsi, d'abord, une portée morale dans la mesure où elle suggère une personnalité capable de prendre la mesure de besoins au sein de la société au-delà des siens propres. Ensuite, elle remplit une fonction de complément de la solidarité nationale tenant compte des causes qui font sens pour les individus.

Dans le cadre d'un État providence, la solidarité repose, pour une large part, sur des mécanismes, d'une part, impersonnels et, d'autre part, obligatoires. La générosité est d'autant plus essentielle qu'elle apparaît, *a contrario*, volontaire et incarnée. À la fois la démarche consistant à donner et l'objet des dons contribuent à l'affirmation de l'individu, voire à son accomplissement, à travers des causes qui lui importent.

La générosité fait d'autant plus sens pour l'individu qu'elle renvoie fréquemment à une volonté de donner en retour. Bien souvent, des Français généreux, si je peux oser ce pléonasme, témoignent du fait que la principale motivation de leur générosité consiste à rendre ce qu'ils ont reçu. Selon le classique de Marcel Mauss, *Essai sur le don*, le don appelle le contre-don.

La générosité, vertu individuelle, est souhaitable à l'échelle collective. Une société est d'autant plus forte que ses citoyens sont soucieux de l'intérêt général, et en l'occurrence généreux. En cohérence, il existe une politique de la générosité publique, reposant notamment sur des mécanismes fiscaux. Et c'est pourquoi, dans un rapport publié en 2020, j'avais plaidé avec Naïma Moutchou pour « un modèle philanthropique à la française reposant sur une générosité du quotidien ».

Dès lors que la désirabilité de la générosité est admise, sa promotion soulève deux questions complémentaires : quelles ressources pouvons-nous mettre à disposition en priorité ? Et ensuite au bénéfice de qui ou de quelles causes ? Le premier aspect permet de rappeler que la denrée rare est le temps, et que, ainsi, être généreux, c'est avant tout offrir son temps et son énergie. Le don monétaire arrive ensuite. La France compte vingt-deux millions de bénévoles engagés.

S'agissant des causes qui justifient la générosité, elles renvoient à la sensibilité de chacun. La générosité épanouit le donateur autant qu'elle secourt le bénéficiaire. Ce qui importe est, en revanche, la constance. Agir avec générosité représente une maxime générale. Je crois profondément aux microdons, de nature monétaire ou non, et à la générosité du quotidien.

Les sciences participatives représentent un exemple de cette générosité du quotidien, précieuse pour la société, et en l'espèce pour le savoir, et gratifiante pour l'individu. Par exemple, le Muséum national d'histoire naturelle invite tous les citoyens à observer les espèces qui nichent sur le littoral et à partager leurs données pour en apprendre plus sur la biodiversité particulière à cet espace.

Dès son *Éthique à Nicomaque*, Aristote avait mis en évidence que la vertu était « le produit de l'habitude ».

H

Héritage

▪ Laurent MAZEYRIE
Notaire

Sur le strict plan juridique, l'héritage se définit comme le patrimoine laissé par les siens à leur décès. Et plus génériquement, ce mot désigne également en droit une propriété immobilière, tant lors de la rédaction du Code civil, les notions de patrimoine et d'immeuble se confondaient.

Alors voilà qu'entrent en scène ces mots qui suscitent parfois tant d'effroi : « loi », « notaire », « testament », « legs », « héritiers », « droits de succession », etc., toutes ces notions liées à la mort et qui font redouter la fin de soi.

Pourtant, l'héritage, c'est au fond bien plus que cela. C'est une part de nous-mêmes qui se perpétue dans sa transmission et qui porte autant sur des biens matériels que sur des valeurs, des souvenirs, une culture, bref, tout ce qui fait la singularité d'un individu ou d'une famille.

Alors on transmet son héritage comme on vit, parfois avec réticence, dans le tabou de la mort, parfois avec retenue, avec élégance ou avec générosité… Certains héritages sont longuement préparés et maturés, d'autres sont négligés ou improvisés. Bien qu'ils soient tous inéluctables, il y a finalement autant d'héritages que de caractères. Et, dans tous les cas, quelles que soient sa fortune ou l'importance de son entourage, la philanthropie a un rôle à jouer.

Certes, ces choses-là se préparent, il convient de s'entourer de conseils, de nouer des contacts, de mener ses réflexions à leur terme, de ne pas négliger de prendre son temps… mais c'est avant tout l'occasion de faire parler son cœur.

Car faire de son héritage une action de mécénat, c'est d'abord un cadeau.

Un cadeau pour les autres, évidemment, et à commencer par ses proches. Il existe de multiples solutions pour transmettre à une œuvre sans priver les siens. De leur faciliter le règlement de ce moment douloureux qu'est la succession, tout en bénéficiant d'avantages fiscaux non négligeables. Et de laisser ainsi à ceux que l'on a aimés un souvenir et un exemple.

C'est aussi un immense cadeau fait à des inconnus, tous ceux qui vont profiter de cet héritage et dont la vie va changer *via* les actions qui seront menées au nom du défunt. Tous ceux que l'on va aller ainsi secourir, nourrir ou illuminer, sans jamais les avoir connus en rendant un peu ainsi à la communauté qui nous a porté notre vie durant.

Mais faire de son héritage une action de mécénat, c'est surtout un cadeau pour soi-même. Une manière de faire survivre ce qui nous tient le plus à cœur : une action, une œuvre, une intention, une mémoire. Ce qui nous a animé et qui restera un exemple pour les autres.

On peut dire ainsi, pour paraphraser Albert Camus, que léguer, c'est vivre deux fois…

Humanisme

« Un humanisme bien ordonné ne commence pas par soi-même mais place le monde avant la vie, la vie avant l'homme, le respect des autres êtres avant l'amour-propre. »
Claude Lévi-Strauss

■ Josyane Savigneau
Journaliste

Depuis que les humanistes du XVIe siècle – ceux qui cultivaient les humanités – ont laissé place, à la fin du XVIIIe siècle, à une notion, « humanisme », on a écrit des milliers de pages – s'ajoutant à tout ce qui a été dit depuis l'Antiquité. Ce mot a suscité commentaires, critiques, avant qu'on ne s'interroge, aujourd'hui, sur le « posthumanisme » et le « transhumanisme ».

En octobre 1945, un club d'intellectuels a demandé à Jean-Paul Sartre de faire une conférence. Il a choisi pour thème l'« existentialisme est un humanisme ». Le scepticisme des organisateurs sur le sujet a été balayé par l'affluence du public à cette soirée. On peut en retrouver un compte rendu hilarant dans *L'Écume des jours*, de Boris Vian. *L'existentialisme est un humanisme*, devenu un livre bref – environ cent quarante pages –, publié en 1946, est une pierre de plus au débat qui ne saurait avoir lieu en quelques lignes.

On pourrait faire un rapide détour par les diverses définitions. Voici celles du *Dictionnaire de l'Académie française* :

« 1. Mouvement d'idées qui se développa en Europe aux XVe et XVIe siècles, et qui prônait la redécouverte de la pensée antique et l'examen critique des textes grecs et latins.

2. Culture de l'esprit qui résulte de la familiarité avec les auteurs classiques, notamment grecs et latins ; goût que l'on a pour ces études.
3. Doctrine, attitude philosophique, mouvement de pensée qui prend l'homme pour fin et valeur suprême, qui vise à l'épanouissement de la personne humaine et au respect de sa dignité. »

Il faut aussi mentionner – pour l'évacuer – l'emploi, dans les médias, d'« humanisme » comme un fourre-tout privé de sens, utilisé pour « briller » ou se moquer. Exemple, dans une discussion, pour clore sans argumenter : « C'est bien votre côté humaniste… »

Et si on s'attardait plutôt, un instant, sur le mot d'où est tirée cette notion ? « Humain ».

Qu'est-ce qui rend humain ? Simplement humain, pas « augmenté » grâce au progrès – encore un mot qui sert à tout et à rien –, comme le propose le transhumanisme.

On est tenté de répondre : la culture. Encore faut-il préciser.

Il ne s'agit pas de la pure accumulation de savoirs, qui porte à se dire expert et à entreprendre tout ce qui est techniquement réalisable, sans plus se demander si c'est humain. D'où le qualificatif de transhumain.

Il s'agit d'une expérience de vie, à pratiquer et à interroger sans cesse. C'est beaucoup plus modeste, et cela demande plus d'humilité que de désir de puissance et nécessite d'admettre que l'humain réside souvent dans de tout petits riens.

N'est-ce pas futile face à la barbarie, mise en œuvre, elle aussi, par des êtres humains ? Au fil des siècles et de ses manifestations diverses, elle n'a jamais disparu, ni même reculé. Ne faut-il pas, au contraire, croire que le monde pourrait devenir humaniste ?

Et œuvrer pour l'avènement d'une société meilleure ? On en aurait envie, mais, en ce domaine, les illusions perdues ont définitivement supplanté les accomplissements glorieux.

Alors ? Cultiver la discrétion. Témoigner. Faire du geste philanthropique plus qu'un refuge contre l'horreur du monde. Une action quotidienne montrant que l'Autre existe, qu'on le voit, le considère, l'entend.

Et puis… écouter de la musique, lire. Conserver, comme des talismans, des phrases qu'on a aimées, au point de se les approprier. « Il salue les arbres, les oiseaux, les marées, les étoiles, les brises, les fleurs. La pensée est un remerciement constant, rien d'autre, et son intensité envahit le corps tout entier, dans ses moindres ramifications nerveuses. » Écrire, aussi, pour, comme l'affirmait Kafka, « bondir hors du rang des meurtriers ».

■ Fabienne Servan-Schreiber
Productrice, présidente de Cinétévé,
cofondatrice de « Fraternité générale »

« Le monde se divise en deux, ceux qui sont à eux-mêmes leur propre fin, qui font de leur vie, de leur réussite leur but ultime, et ceux qui s'inscrivent dans l'intérêt général, qui se mobilisent pour une chose commune, pour la Cité, pour contribuer à rendre le monde plus humain. » C'est ce que disait Henri Weber et j'ai toujours partagé ce point de vue. L'humanisme, c'est faire de l'autre une priorité dans sa propre vie, se considérer comme un au milieu de tous, vivre dans le respect et l'attention aux autres. C'est considérer qu'on ne peut pas se réaliser en étant enfermé dans son propre égoïsme, dans son propre bonheur, dans sa propre réussite ou carrière. On n'obtient d'ailleurs jamais tout ce que l'on souhaite pour soi, et il faut regarder ce qu'on a reçu d'autrui, savoir donc aussi recevoir, et non pas ce que l'on n'a pas obtenu de la vie.

Donner et recevoir, cela commence par le sourire : le sourire échangé avec les autres dans la rue. À une époque où les regards ne se croisent plus, car tous ont l'œil vissé sur leur téléphone portable, ou sont absorbés dans leurs soucis, observez, partagez un sourire et vous voyez alors le visage du passant se réjouir. Un clin d'œil bref et lumineux. Tout commence par là : une vie plus humaine, un monde plus humain, la prise en considération quotidienne d'autrui dans des attitudes, des gestes, des attentions très simples. Cet humanisme de tous les jours, nous le transmettons à nos enfants, lorsque nous les encourageons à donner une pièce à un SDF, à lui dire bonjour, à dialoguer un peu avec elle ou lui, à se soucier de qui ils sont, de quels secours ils peuvent trouver dans nos villes, plus largement lorsque nous invitons ces mêmes enfants à se préoccuper d'autrui autour de soi, de ses besoins, de sa détresse éventuelle.

C'est ce même humanisme du quotidien qui nous fait dire bonjour et merci à tous, aux éboueurs le matin, aux policiers qui parcourent les rues, aux gardiens des immeubles, au personnel soignant, à ces milliers de métiers qui tissent le lien social et manquent souvent de reconnaissance et de considération. C'est respecter les autres dans ce qu'ils ont d'humain. C'est œuvrer, à sa manière, à son échelle, pour que la société fasse des progrès perpétuels dans la direction de cet épanouissement et accomplissement de tous, sans discrimination, dans l'offre d'une authentique égalité des droits et des chances. C'est le principe même de l'humanisme historique, depuis la Renaissance au moins : ce souci de toute personne humaine et de sa réalisation, au-dessus de toute autre valeur et selon l'exigence d'une entraide de tous à cette réalisation de chacun.

Ce souci d'une égalité de chances, c'est avoir un regard de préoccupation et de solidarité sur un monde global où des milliards de gens sont moins bien lotis que nous. Certes, ce que nous faisons ne représente que des gouttes d'eau, mais si chacun donnait régulièrement une parcelle de son temps et de ses moyens, cela ferait quelques récipients de bien-être général, de bonheur et de sécurité mondiale. Cette injustice du monde est notre affaire à tous, et l'humanisme, c'est aussi cette confiance, cette espérance active dans le fait que l'instruction, l'accès à la culture, l'amélioration des conditions de vie, des droits donnent ou rendent à l'humain sa dignité, ses « capabilités » (Amartya Sen) et sa place dans le monde à égalité avec tous les autres.

L'attention aux autres, le soutien que nous nous apportons, le soin que nous prenons les uns des autres sont également ce qui nous sauve des souffrances de la vie : les accidents, les maladies, les douleurs du corps et de l'âme, le vieillissement, la mort. Se tourner vers les autres, se préoccuper d'eux, tel est le remède. Se vivre ainsi au milieu du reste de l'humanité comme on fait partie d'un ensemble qui a toujours besoin de nous. Nourrir continuellement à autrui, proches et moins proches, un rapport actif, altruiste et constructif, car, comme le dit Edgar Morin : « On doit aussi participer à l'humanité et c'est une des raisons, je crois, qui m'ont maintenu alerte jusqu'à mon âge. »

Défendre, enfin, notre société démocratique si précieuse, si fragile, si souvent menacée et certes imparfaite, qui a été fondée dans la tradition de la grande philosophie humaniste des Lumières. Elle seule nous protège de l'extrémisme religieux ou politique, comme de l'arbitraire de la dictature. À l'heure des algorithmes et des réseaux sociaux qui favorisent trop souvent les « passions mauvaises », comme la peur, la haine, le rejet, la violence, ne perdons pas de vue notre commune humanité, par-delà nos frontières de convictions et croyances, et la place de l'être humain avec ses questionnements et ses doutes. C'est l'humanisme qui nous rappelle que tout être humain est notre semblable, notre sœur ou notre frère humain, et qui, ce faisant, protège la société de la barbarie, cette barbarie et ces fanatismes qui reviennent avec une telle force dans notre XXIe siècle. L'humanisme, notre plus ancien acquis civilisationnel, est bel et bien, paradoxalement, puissamment, une idée neuve – plus nécessaire que jamais à l'heure où nous guettent tant de périls de déshumanisation du monde.

Humanitaire

▪ Olivier De Cock
Anesthésiste-réanimateur

« Celui à qui la souffrance est épargnée doit se sentir appelé à soulager celle des autres » (docteur Schweitzer).

Le docteur Albert Schweitzer : un héros de mon adolescence. Et un jour, alors secrétaire général du Syndicat des anesthésistes-réanimateurs, je vois passer une annonce : « ONG recherche anesthésiste pour mission d'un mois à Kaboul. » Mes enfants sont adultes, j'ai la cinquantaine : pourquoi ai-je choisi le métier d'anesthésiste-réanimateur ? Je réalise que ma spécialité peut rendre service dans le tiers-monde, à des populations totalement démunies. Pourquoi ne pas y consacrer un peu de mon temps ? Concilier le rêve de l'enfance avec mes capacités.

La Bactriane d'Alexandre le Grand, *Les Cavaliers* de Kessel, mais aussi le pays des guerres interminables : c'est décidé je pars.

Cette première expérience sera un vrai condensé de ma vie d'humanitaire qui dure maintenant depuis seize ans.

Tout d'abord, il faut trouver et payer un remplaçant pour ces six à huit semaines d'absence.

Il faut aussi faire admettre à ma femme que le risque est minime. Certes, en 2008, la mode est à l'attentat suicide. On entre dans un lieu fréquenté, on ouvre son manteau et boum ! Mais finalement à Kaboul, si on évite les bâtiments officiels, les lieux d'attroupement, les militaires et l'hôtel Serena (le grand hôtel de la ville où descendent toutes les personnalités importantes), il y a peu de risques de croiser un illuminé… Mais la route de Dacca à Bogra, au Bangladesh, n'est-elle pas bien plus dangereuse avec un chauffeur qui paraît déçu le soir de ne pas avoir réussi à écraser le moindre piéton, vélo ou tuk-tuk, sachant que le chauffeur du camion arrivant en face avait semblé caresser les mêmes espoirs ?

Qu'est-ce qu'une mission ? En apparence, des journées et des nuits qui se succèdent à soigner des inconnus, logé dans une petite chambre tantôt individuelle, tantôt partagée à trois ou quatre, des repas pris en salle commune, mais sans le moindre souci d'intendance.

Cette vie peut sembler monacale avec ses longues journées au bloc à la place des offices et des livres de médecine en guise de bréviaire.

L'humanitaire, c'est aussi se poser des questions parfois dérangeantes. Quelle est la logique d'aller aider dans un pays qui consacre des milliards à son armement ? Où est le sens de dépenser des sommes folles pour soigner un enfant quand des milliers d'autres seraient encore vivants s'ils avaient été vaccinés ? N'y a-t-il pas d'argent demandé en cachette ? Comment aider sans prendre le travail d'un médecin local ? La mort de cet enfant est-elle due à une mauvaise décision ?

Triste ? Non ! C'est à Kaboul que j'ai compris la beauté de cette vie. C'était par une froide et pâle soirée d'hiver. Les équipes de jour et les familles étaient parties. Je sortais de l'hôpital où je venais de revoir les patients récemment opérés et où j'étais de garde. Loin de tout et de tous, j'ai ressenti un sentiment de plénitude. Je faisais le métier dont j'avais toujours rêvé, totalement gratuitement, sans attendre autre chose que le bonheur de soigner des anonymes. Dans leurs regards se lisait qu'ils comptaient sur moi et, cependant, je savais qu'ils ne se souviendraient au mieux que d'un « docteur Olivier ».

Qu'importe, je suis heureux dans ce rôle du colibri de la légende.

■ Olivier WEBER
Écrivain et grand reporter

Et s'il s'agissait de l'aventure du siècle ? Et si l'humanitaire correspondait au nouvel engagement ? Du Cambodge au Pérou, des vallées perdues du Kurdistan aux bidonvilles de Soweto en Afrique du Sud, j'ai pu mesurer l'engagement des jeunes et moins jeunes pour une philanthropie tangible, une action concrète et de solidarité. Une myriade d'interventions de type humanitaire parsèment ainsi le globe, fruit de missions et de volontariats venus tant du Nord que du Sud. Car là réside bien l'originalité de l'ardeur philanthropique, individuelle et collective, qui se cristallise dans la geste humanitaire, par le dépassement de soi et par un canevas planétaire. Cette éthique aventureuse, véritable philosophie de l'exigence, a contribué à façonner le monde moderne, par sa remise en question des pouvoirs, par la naissance d'une société civile et le devoir de témoignage, donc de dénonciation. Les missions humanitaires que j'ai moi-même organisées ou auxquelles j'ai participé m'ont toutes conforté dans cette impression, que ce soit en Irak, au Kurdistan, en Afghanistan, au Cambodge ou ailleurs. Creusements de puits dans le Sahel, cours de danse pour enfants des rues dans des bas quartiers africains, comités pour rendre salubres les rues de Calcutta, association pour une éducation laïque à Karachi, la grande ville du Pakistan, confrontée aux écoles religieuses radicales, plaidoyers et manifestations de mères de *desaparecidos* (« disparus ») dus à la guerre des cartels au Mexique, sensibilisation à la lutte contre la prostitution au Sénégal et au Nigeria, réinsertion de jeunes femmes droguées en Asie centrale… Les exemples sont légion et témoignent de cette volonté d'un monde meilleur, à petite et à grande échelle.

Des gouttes certes dans l'océan, mais l'océan est constitué précisément de gouttes d'eau, et tous ces actes et projets créent un maillage transfrontalier. Une manière aussi de transcender le clivage entre pitié éthique et pitié métaphysique cher à Schopenhauer et de verser dans une compassion vraie, en dirigeant la représentation de la souffrance non vers soi mais vers l'extérieur. Dès lors, et depuis une quarantaine d'années, les acteurs non étatiques que représentent les ONG et organisations humanitaires sont devenus des acteurs à part entière de la communauté internationale.

Un engagement à l'esprit aventureux qui n'est certes pas sans limites – récupération par les États, dérives, « chantage aux victimes », hyperpuissance de certaines ONG, effets pervers – et qu'il s'agit de dépasser par une permanente remise en question. Mais l'altruisme de fond demeure, malgré les périls.

« Les hommes sont plus enclins à rendre le mal que le bien, car la reconnaissance est un poids, alors que la vengeance est un plaisir », disait le philosophe romain Tacite.

Si la pitié peut s'avérer dangereuse, l'humanitaire incarne aussi un formidable élan nouveau. Le sans-frontiérisme a été créé en France dans les années 1970, notamment avec Médecins sans frontières, héritage en partie d'une culpabilité du monde occidental postcolonisation – « le fardeau de l'homme blanc » de Kipling. Le complexe depuis est dépassé et le sans-frontiérisme est devenu aussi et d'abord l'apanage des pays du Sud. Et tout l'enjeu pour l'humanitaire occidental consiste désormais à aider à produire du Sud-Sud en matière d'aide, de coopération, de partage de savoir-faire, de transfert de compétences. Une philanthropie de base mais indispensable.

En ce sens, l'humanitaire est un engagement d'éthique et d'empathie.

Et cet engagement-là, pragmatique, d'action, de confrontation avec le terrain, est avant tout un humanisme.

I

Impact

■ Élise LECLERC
Directrice du laboratoire Évaluation
et mesure d'impact social et environnemental de l'ESSEC

Le terme « impact » apparaît depuis plusieurs années dans un nombre croissant d'expressions pour désigner des projets si différents qu'il est devenu difficile de savoir ce qui se cache derrière ce terme souvent qualifié de « galvaudé ». L'impact représente pourtant un concept précis : selon le *Larousse*, l'impact désigne le « heurt d'une chose contre une autre, le choc », et par extension l'« effet produit par quelque chose ». Un effet qui peut être positif ou négatif, qui combine trois dimensions importantes : l'agence (une action consciente et non un changement lié au hasard), le changement et enfin la relation de causalité entre l'action et ce changement.

En réponse à la récente prise de conscience sociale et environnementale de l'opinion publique, de nombreuses organisations s'en sont saisies et se définissent désormais comme « à impact », sous-entendant que leurs activités ont un effet positif sur le monde. Mais le manque de transparence de certaines organisations sur la réalité de cet impact attise les critiques contre l'*impact washing*.

Cette utilisation abusive du terme « impact » est problématique dans la mesure où elle élude la question de l'évaluation de cet impact, indispensable si l'on veut comprendre la relation entre l'action engagée et le changement escompté. Cette question a d'abord été développée par les acteurs de la philanthropie aux États-Unis. Certaines grandes fondations comme la Rockefeller Foundation se sont inspirées, d'une part, des outils de gestion utilisés pour le pilotage des entreprises capitalistes dont elles étaient familières et, d'autre part, des travaux de recherche sur l'impact des acteurs académiques. L'objectif était de comprendre l'impact des projets financés sur les besoins sociétaux auxquels ils tentaient de répondre, notamment pour les bénéficiaires finaux.

Ces travaux de la philanthropie américaine, alimentés par la prise de conscience croissante du besoin de compréhension de l'impact sur le long terme, ont ensuite impulsé les mouvements d'évaluation d'impact du développement international par l'ONU, puis l'OCDE et enfin la Commission européenne. Celle-ci insiste sur l'indissociabilité du terme « impact » et de sa mesure dans sa définition : « Reflet des effets sociaux, tels que les mesures à long et à court terme, ajusté en fonction des effets obtenus par d'autres (attribution alternative), des effets qui se seraient produits de toute façon (effet d'aubaine), des conséquences négatives (déplacement) et des effets déclinant avec le temps (diminution)[1]. »

Le secteur de l'investissement a d'ailleurs repris cette idée en définissant la « finance à impact » selon trois piliers : l'intentionnalité (l'investisseur cherche volontairement à générer un impact positif), l'« additionnalité » (il finance et accompagne activement des projets peu ou pas financés par des investisseurs

1. Source : Geces, 2014

classiques) et la mesurabilité de cet impact. Si le premier est facilement démontrable, les deux derniers restent problématiques. Pour éviter les confusions, l'European Venture Philanthropy Association a proposé de distinguer les investissements *for impact* (l'objectif premier est d'avoir un impact social ou environnemental positif) des investissements *with impact* (l'objectif premier est le rendement financier, avec des externalités positives).

Comprendre l'impact de la philanthropie – et de la finance plus largement – est une question essentielle pour ses acteurs s'ils veulent s'assurer des changements qu'ils provoquent réellement avec leur argent.

Impôt

■ Nicolas DELALANDE
Professeur au Centre d'histoire de Sciences-Po

En apparence, impôt et philanthropie sont deux modèles que tout oppose. Le premier renvoie à l'idée d'obligation légale, de contrainte et de sanction en cas de non-paiement. La philanthropie s'appuie, elle, sur la pratique du don volontaire, portée par « l'amour » de son prochain et le libre choix de celles et ceux qui s'y adonnent. L'un et l'autre convoquent deux figures différentes du devoir : le devoir civique, dans un cas, qui découle de l'inclusion dans une communauté politique ; le devoir moral, religieux ou social, dans l'autre, qui oblige les plus riches envers les plus démunis.

Ces deux modalités de financement des services publics et sociaux, des institutions médicales et de recherche, des activités artistiques et culturelles se sont longtemps confrontées l'une à l'autre. Le terme « philanthropie » est apparu peu avant la Révolution française, dans un contexte de vive critique contre l'injustice de l'impôt royal, qui charriait des images de contrainte et d'arbitraire. À tel point que les révolutionnaires préférèrent parler de « contributions », plutôt que de taxes ou d'impôts, pour désigner les prélèvements. Certains, parmi les plus utopistes, imaginaient que la participation au financement de l'intérêt général pourrait désormais reposer sur le libre engagement des citoyens, hors de toute contrainte étatique. Les appels aux « dons patriotiques » brouillaient la frontière entre les logiques contributives et philanthropiques. L'expérience montra cependant qu'un impôt librement consenti était un idéal difficilement atteignable.

Au XIXe siècle, grande époque d'essor de la philanthropie, aristocrates et bourgeois concevaient le don comme moralement supérieur à l'impôt, en ce qu'il permettait de tisser un lien direct entre donateurs et bénéficiaires. Bienfaisance et philanthropie devaient, selon eux, résoudre la « question sociale ». Toute réforme d'ampleur de la fiscalité destinée à redistribuer les richesses était combattue, au motif que l'élan philanthropique suffirait à alléger le sort des plus démunis, pourtant lourdement frappés par l'injustice des taxes sur la consommation. La philanthropie s'épanouissait d'autant mieux que les plus hauts revenus et les grandes fortunes restaient largement à l'abri de l'impôt.

Quand, au tournant du XXe siècle, la pression sociale et politique se fit plus forte en faveur d'une imposition progressive des revenus et des patrimoines, les grandes figures de la philanthropie se mobilisèrent pour dénoncer des projets attentatoires à leur liberté. L'État était dénoncé comme une force abstraite et anonyme, niveleuse et asséchante, une « machine à redistribuer », réputée à la fois moins efficace et moins humaine que les interventions philanthropiques. Mais le principe d'obligation, au fondement de l'impôt et des cotisations, s'avéra crucial pour permettre l'essor de l'État social tout au long du XXe siècle. La redistribution par l'impôt permit de garantir à la fois l'universalité d'accès aux services publics et aux prestations sociales et de réduire les inégalités de richesses produites par le système économique.

Cette montée en puissance de l'impôt n'a toutefois pas fait reculer la philanthropie, bien au contraire. Au cours des dernières décennies, la mise en place, par de nombreux États, de mesures d'incitations fiscales a eu pour objectif d'encourager et d'orienter les dons philanthropiques, au risque toutefois de créer de nouvelles formes d'inégalités et de fragiliser les budgets publics.

Intérêt général

■ Chantal BRUNEAU
Vice-présidente du Haut Conseil à la vie associative

« Intérêt général » et « philanthropie », trois mots qui ont des liens entre eux.

La philanthropie signifie, selon son étymologie grecque, « amour de l'humanité », ce qui pourrait être traduit par « attention aux autres », par opposition à l'égoïsme.

L'intérêt général s'oppose aux intérêts particuliers et suppose également l'attention aux autres pour dépasser son propre intérêt. C'est le singulier contre le pluriel mais au bénéfice de tous.

Ainsi, s'il y a des mots qui résonnent dans le monde des associations et des fondations, ce sont bien ceux-là : « intérêt général ».

De l'État à la société civile

Au cours de l'histoire, l'acception d'« intérêt général » a oscillé entre la somme des intérêts particuliers et le dépassement des intérêts particuliers et ne pouvait alors relever que de l'État.

Au XIIIe siècle, cette notion cohabitait à côté des termes « intérêt public », « intérêt commun », « intérêt de l'État », « intérêt de la nation », ou « volonté générale ».

Parfois l'intérêt général (le bien commun) a pu être mis en avant au nom de la raison d'État, en réduisant les libertés publiques. Il a pu donner lieu à l'exercice d'une autorité forte des gouvernants, au risque de nuire aux personnes qu'il était censé protéger, témoignant ainsi d'une contradiction réelle ou apparente.

À la question qui est chargé de l'intérêt général s'est peu à peu imposée l'idée que l'État ne pouvait revendiquer seul le monopole de sa mise en œuvre et qu'il devait partager cette mission avec d'autres acteurs.

La société civile est alors apparue comme acteur incontournable de l'intérêt général et, en son sein, les organismes sans but lucratif en sont les premiers.

Associations, fondations et intérêt général : un lien indissociable

Au sens social et politique, l'intérêt général vise l'ensemble de la population et défendre, soutenir, aider, faire passer l'intérêt, le bien de tous avant les intérêts particuliers afin de permettre une vie en société acceptable pour tous en sont les caractéristiques.

Les associations, pour la très grande majorité d'entre elles, répondent à cette définition et œuvrent pour l'intérêt général.

Le principe même de l'association, inscrit dans la loi du 1er juillet 1901, est la mise en commun de connaissances ou d'activités dans un but autre que de partager des bénéfices. Il n'y a pas dans ce contrat la notion d'intérêts particuliers mais celle de mise en commun.

Cette notion d'intérêt général est même celle utilisée par les services fiscaux pour définir les associations susceptibles de bénéficier de dons de particuliers ou d'entreprises. On a donc une définition fiscale de l'intérêt général pour caractériser des associations.

Public et privé, une relation nécessaire

L'intérêt général conduit des acteurs parfois éloignés que sont les pouvoirs publics et les associations et fondations à travailler ensemble à un même objectif : servir l'intérêt général.

Dans des secteurs et pour des actions variés, les organismes sans but lucratif sont présents pour le bien de tous, souvent pour les plus fragiles, pour répondre à des besoins auxquels les pouvoirs publics ne peuvent répondre de façon précise, originale et dans des zones particulières.

On ne peut parler d'intérêt général sans parler d'associations et il est difficile de parler d'associations sans parler d'intérêt général. Elles sont complètement parties prenantes de cette notion et renforcent ainsi la démocratie et le rôle de citoyen de chacun.

Si on considère que dans une société démocratique et développée l'État ne peut pas et ne doit pas tout faire, il importe que d'autres acteurs interviennent, les associations sont les premières appelées à l'action en faveur de l'intérêt général.

Investissement à impact

▪ Marie-Stéphane MARADEIX
Visiting PhD fellow à la chaire philanthropie de l'ESSEC

Une fondation distributive a deux métiers : gérer son capital (investissements) et dépenser les revenus issus de ce capital (mission sociale). Certains parlent d'une « muraille de Chine » entre ces deux métiers, qui sont rarement mis en cohérence : le premier consiste à faire fructifier un capital – quitte à investir dans n'importe quel actif rentable – et, très souvent, à le pérenniser –, ce qui peut inciter à une gestion prudentielle ; le second dépend du premier pour « faire le bien » à travers ses programmes d'action. La fondation Gates l'a appris à ses dépens lorsqu'elle s'est fait épingler pour dépenser des millions de dollars dans des campagnes de vaccination, tout en investissant massivement dans des compagnies pétrolières probablement à l'origine des troubles respiratoires des populations vaccinées.

Or, tel pour notre cerveau, la philanthropie doit reconnecter son hémisphère gauche, celui de la raison, à son hémisphère droit, celui de l'émotion. Et si l'investissement à impact, qui vise à générer des retours financiers tout en ayant un impact positif mesurable sur des enjeux sociétaux, était ce « corps calleux » assurant la coordination entre les deux hémisphères ? Malgré la modestie des montants en jeu aujourd'hui (80 milliards d'euros en 2021 d'après l'EVPA, soit 0,5 % du marché total des investissements en Europe), trois défis majeurs se posent aux acteurs de la philanthropie.

Éthiques. Les congrégations religieuses ont été les premières à intégrer l'éthique dans leur portefeuille, en éliminant les investissements du « vice » (tabac, alcool...). À cette stratégie d'exclusion élargie (climat, discriminations, travail des enfants, etc.), puis de performance sur la base de critères environnementaux, sociaux et de gouvernance (ESG), se sont ajoutés les investissements à impact. Pour une fondation – dont l'intérêt général est la raison d'être – il y va de sa légitimité de faire en sorte que ses investissements ne contreviennent pas à sa mission sociale, voire renforcent cette dernière.

Techniques. Identifier des produits ou des fonds en lien avec la mission qui ne soient pas du *greenwashing* ou du *social washing* et apportant performance financière et impact mesurable est encore une gageure. Des pionniers se sont lancés, qu'il faut encourager, d'autres s'engouffrent dans ce marché balbutiant sans apporter d'expertise sérieuse en matière d'impact. Les outils, les normes, les cadres d'analyse de l'impact sont encore à préciser, pour ne pas dire à inventer.

Stratégiques. Le portefeuille d'une fondation est un outil puissant au service de sa mission, en complément de ses dons. Les fondations américaines ont, chaque année, l'obligation de dépenser 5 % de leur dotation, en subventions ou en investissements en lien avec leurs activités (PRI – *program related investment*), dont le retour est d'abord l'impact généré. En complément, le capital peut être placé dans des investissements en lien avec la mission (MRI – *mission related investment*), avec d'abord un retour financier.

En France, trop peu de fondations se sont lancées dans ces stratégies alors qu'au moins trois raisons devraient les y encourager : les investissements à impact peuvent contribuer à leur « théorie du changement », en mobilisant des sommes souvent plus conséquentes que les montants qu'elles distribuent en dons ; ils permettent de créer un continuum entre les dons et l'investissement (*dette, equity*) en soutenant des acteurs de l'économie sociale et solidaire (ESS) en développement ou changement d'échelle, qui visent un modèle économique viable ; enfin, cette approche permet aux équipes des fondations en charge des programmes de dialoguer avec les « financiers » et même de faire évoluer la perception de ces derniers…

De la cohérence à la congruence, voilà l'enjeu de l'investissement à impact pour la philanthropie !

J

Jeunesse

■ Anne MUXEL
Directrice de recherches au CNRS, directrice du Cevipof

La jeunesse est le temps des engagements, des élans pour une cause, des indignations. Contrairement à la façon dont elles sont souvent perçues et présentées dans les discours dominants, les jeunes générations ne sont ni apathiques, ni repliées sur un consumérisme individualiste, ni non plus indifférentes à la chose publique. Les jeunes s'expriment, s'engagent, se battent, avec plus ou moins de constance et de radicalité, mais le plus souvent en marge des pratiques d'engagement institutionnalisées. L'ampleur de la défiance envers les institutions et les organes traditionnels de la participation politique ouvre d'autres espaces d'expression où ils font entendre leurs préoccupations et leurs revendications, et aussi d'autres formes d'implication citoyenne.

Considérée dans son sens le plus général, la philanthropie suppose la rencontre de l'altruisme et de la compassion, faisant écho au souci de venir en aide aux autres ou d'œuvrer pour l'intérêt général. La dimension morale de l'engagement trouve là sa justification. Les nouvelles formes de « militantisme moral », particulièrement visibles dans les jeunes générations, répondent à un surcroît de sensibilité à la fois individuelle et collective aux injustices sociales, aux inégalités de tous ordres, aux atteintes aux libertés et aux droits des minorités, sans oublier l'importance prise par les questions environnementales, qui s'est renforcée depuis quelques années. Cette sensibilisation exacerbée est un vecteur de politisation pouvant trouver un débouché dans le champ politique et partisan *stricto sensu*. Entre un et deux jeunes sur dix s'engagent dans un parti ou un mouvement politique. Ils sont plus nombreux à s'exprimer dans le registre protestataire, notamment au travers des mobilisations et des manifestations de rue. En France, quatre jeunes sur dix de moins de 35 ans ont déjà participé à une manifestation. Mais cette sensibilisation « morale » suscite d'autres actes d'engagement moins mis en lumière relevant de l'acte de don. Celui-ci peut prendre la forme de dons matériels et financiers en direction de populations à aider et de causes à défendre, mais aussi de dons de soi au travers d'initiatives relevant du bénévolat.

Lorsqu'on leur pose la question, c'est une très large majorité des jeunes Français âgés de 18 à 24 ans (72 %) qui se perçoivent comme « engagés dans la vie collective de leur pays[1] ». Et une part significative d'entre eux déclare donner de leur temps ou de l'argent dans le souci de l'intérêt général.

Le bénévolat a plutôt augmenté au sein de la population juvénile ces dernières années. Il a augmenté de +37,5 % parmi les moins de 35 ans entre 2010 et 2019[2]. Selon les chiffres de l'Injep, 26 % des Français de 16 à 34 ans déclarent avoir

1. Anne Muxel et Adélaïde Zulfikarpasic, *Les Français sur le fil de l'engagement*, L'Aube/FJJ, 2022.
2. *Baromètre du bénévolat 2010-2019*, France Bénévolat.

été bénévoles au cours des douze derniers mois. Alors qu'une baisse des engagements de ce type depuis la pandémie de Covid-19 est notable dans les catégories plus âgées de la population, on observe une reprise du bénévolat chez les plus jeunes en 2023[1].

L'acte de don qui est au cœur de la philanthropie est une pratique reconnue par plus d'un ou d'une jeune sur deux (54 %), parmi lesquels 15 % déclarent faire régulièrement des dons à des associations. La pratique du crowdfunding *via* des investissements participatifs s'est elle aussi très largement développée ces dernières années pour financer des projets artistiques et culturels, mais aussi des projets dans le champ de l'économie solidaire. Quatre jeunes sur dix (38 %) reconnaissent avoir déjà participé financièrement à des projets solidaires, *via* un site de financement participatif, et parmi eux 12 % le font régulièrement[2].

Certes, selon les segments de la jeunesse, la teneur de ces pratiques philanthropiques n'a ni les mêmes contenus ni la même intensité. Néanmoins, c'est l'image d'une jeunesse globalement lucide et consciente des difficultés auxquelles doivent faire face des individus exposés à des crises multiples, dans une société à la fois de plus en plus fragmentée et globalisée. C'est dans l'interstice ouvert par leur lucidité que la philanthropie peut être l'une de leurs réponses.

1. *Les Chiffres clés de la vie associative 2023*, Injep.
2. Enquête *Les Jeunes et la Guerre*, Ipsos/DGRIS, juin 2023.

Justice

■ Marc Crépon
Directeur de recherches au CNRS,
professeur de philosophie à l'École normale supérieure

On conviendra tout d'abord que dans la relation qui nous lie aux autres, la justice ne saurait se contenter de proclamations ni de déclarations d'intention. Nul ne saurait se risquer à affirmer, comme on arbore une médaille sur sa poitrine, qu'il est « juste », mais certains s'efforceront de l'être. Cet effort, c'est l'exercice d'une responsabilité : celle de l'attention, du soin et du secours qu'exigent de partout et pour tous la vulnérabilité et la mortalité d'autrui. S'il est vrai qu'il relève de l'essence de la vie de pouvoir être blessée, mutilée, et que subir un tort est une possibilité qui hante chacune des relations dont est fait le tissu de nos existences, la justice se traduit et se manifeste dans les gestes de soutien, les marques d'attention, les paroles et les actes qui portent secours et esquissent une réparation, chaque fois que ces relations sont exposées à la violence.

Cette responsabilité ne saurait faire de différence. Elle ne saurait décider qui doit être secouru et quels torts doivent être réparés, en raison de l'appartenance des uns ou des autres à telle ou telle communauté, quels que soient les critères qui la circonscrivent : la culture, la nationalité, la religion, la couleur de la peau. Pour peu qu'elle s'impose de telles limites, détournant son regard de la souffrance des uns pour réserver sa considération à celle des autres, elle cesse d'être juste. Sous couvert de justice, ce sont alors les plus grandes injustices que couvre son exercice partiel et partisan. Il en va ainsi chaque fois qu'elle trouve de bonnes raisons pour se reconnaître des limites, fermant les yeux, avec indifférence ou complaisance, par confort ou par lâcheté, sur telle forme de violence déterminée, telle misère, telles inégalités de droit, de traitement ou de condition qu'elle préfère ignorer, à moins qu'elle ne les justifie.

Ce n'est pas en vain qu'on appelle « Justes » ceux qui, durant la Seconde Guerre mondiale, mirent leur vie en péril pour sauver des Juifs de l'extermination. Ce qui leur vaut cette reconnaissance pour l'éternité tient au fait qu'aucune considération d'appartenance, aucune circonscription de l'attachement ne les retint d'exposer leur vie pour sauver d'une mort certaine ceux que toute attention et tout secours semblaient avoir abandonnés. Exemplaires, ils le sont d'autant plus qu'il est rare qu'on soit juste. Dans le cours ordinaire de nos vies occupées, nous ne cessons en réalité de faire des transactions avec cette responsabilité radicale. Aussi l'injustice se loge-t-elle dans les interstices de tous nos affairements. Pourquoi ? Parce qu'ils creusent un abîme entre l'exigence de justice hyperbolique que portent en elle cette responsabilité et son exercice pratique mesuré. Telle est la rançon de la finitude de nos facultés, de notre entendement, de notre imagination et de notre sensibilité. Ces transactions sont inévitables, mais parce qu'elles sont également injustifiables, on leur a donné le nom de « consentement meurtrier » qui définit une modalité de notre appartenance au monde.

Est-ce à dire que nous sommes voués à l'injustice et que, dans nos vies divisées, la justice reste un vœu pieux ? Non, assurément, car il est mille façons d'habiter cet abîme. Certes, il n'est pas à notre portée de secourir toutes les misères du monde, pas plus que de réparer toutes les injustices qui le fracturent. Pour autant, il n'est pas vrai que ces limites qui définissent la condition humaine nous vouent au silence et à l'inaction. Aussi la moindre action et la moindre parole qui leur contreviennent se présentent-elles comme un refus de se laisser enfermer dans cette logique, active ou passive, des consentements meurtriers, telle qu'elle fragilise en chacun de nous l'humanité, entendue dans les deux sens du terme comme appartenance commune et comme vertu. Ce n'est pas autrement que se définit la philanthropie, amour de cette même humanité, dans la fidélité que ses actes entretiennent avec son étymologie.

■ Véronique GALLOT
Avocate en droit du travail

« Il est effrayant de penser que cette chose que l'on a en soi, le jugement, n'est pas la justice. Le jugement, c'est le relatif. La justice, c'est l'absolu. Réfléchissez à la différence entre un juge et un juste. »
Victor HUGO, *L'Homme qui rit*

La justice est ma vie, mon choix, mon quotidien. Remettre à l'équilibre les plateaux de la balance, mon idéal. Faire en sorte qu'ils ne penchent pas trop d'un côté ou de l'autre – car je suis réaliste : mon combat.

Sur le plan organisationnel et démocratique, la justice est l'application stricte de la loi. Cette définition s'adoucit lorsqu'on insiste sur le fait qu'aux centres des règles et des procédures, il y a l'essentiel : l'humain. Cette vérité fondamentale est inscrite dans le marbre, figurant en introduction du serment que tout avocat doit prononcer avant d'exercer sa profession ; serment qui constitue le fondement de notre déontologie.

« Je jure, comme avocat, d'exercer mes fonctions avec dignité, conscience, indépendance, probité et humanité. »

Ainsi, en droit social, il est inscrit dans la loi qu'en cas de doute, celui-ci profite à celui qui est considéré comme le plus faible, c'est-à-dire le salarié.

Cet exemple permet d'étendre le propos et de considérer la justice sous un angle plus philanthropique avec, en toile de fond, l'idée que le cœur de la justice sociale et celui de la philanthropie battent au même rythme : l'aide aux plus faibles. Les philanthropes sont-ils des « justiciers » ? Sans doute, pourtant au lieu de les trouver généreux, sympathiques, aimables en tous points, le regard qui se porte sur eux est souvent chargé d'un « je-ne-sais-quoi » plein de reproches. Robin des Bois n'avait rien : il prenait aux riches et redistribuait aux pauvres. C'est, dans l'inconscient collectif, ainsi que s'exprime l'acte de « justice » philanthropique par excellence : celui qui donne au personnage sa dimension de héros. Les grands philanthropes d'aujourd'hui ne prennent rien à personne, les richesses sont à eux, et, par le « fait du prince » qu'ils sont, choisissent combien ils vont donner (souvent après de complexes calculs fiscaux) et à qui ! L'acte n'en demeure pas moins généreux, nécessaire, utile, mais il n'apparaît pas, aux yeux du grand public, comme totalement désintéressé. L'intention fait là toute la différence. Si on conserve cette notion de justice sociale dans sa version philanthropique, il ne suffit pas, même si c'est indispensable, de mieux répartir ou d'augmenter les revenus, de créer ou de sauvegarder des emplois, il faut donner du sens à l'engagement ; du sens, c'est-à-dire de l'humain. L'équilibre de la Justice, pour revenir à elle, est sans cesse en « balance » entre règle et humanité. La justice de l'homme n'est pas la justice divine, elle n'est pas immuable, ainsi le juge n'est pas nécessairement « juste » lorsqu'il rend un jugement. Il n'est pas la loi. Il applique la loi qui l'autorise toutefois, parfois, par l'article 427 du Code de procédure pénale, à « décider d'après son intime conviction ».

Ce faisant, de juge, il peut devenir juste.

L

Legs

▪ Sophie Sabot-Barcet
Présidente du Conseil supérieur du notariat

Le mot « legs » est issu de l'ancien français « lais », de « laisser », qui s'est altéré en « legs » sous l'influence du latin *legatum*, « don par testament ».

Au figuré dans le dictionnaire « transmettre ». Legs se prononçant « laisse ». De son étymologie, quelle belle définition philanthropique : laisser après sa mort.

Laisser dans une intention de générosité, le legs est par définition une démarche altruiste.

En France, on estime généralement à plus de 700 millions d'euros le montant annuel des legs reçus des particuliers par les organismes d'intérêt général et assimilés, hors assurances-vie.

Le legs permet donc en l'espèce d'organiser la transmission totale ou partielle de ses biens au profit d'une œuvre ou cause, *via* la rédaction d'un testament, sans pour autant se dessaisir de ces biens de son vivant.

En effet, à la différence d'une donation, un legs ne prend effet qu'au décès du testateur.

Le legs doit être obligatoirement consenti par testament. Il en existe trois sortes.

1. Le legs universel : il permet de désigner une ou plusieurs œuvres bénéficiaires de la totalité des biens du testateur.
   S'il désigne plusieurs œuvres, alors elles seront chacune bénéficiaires à parts égales.
2. Le legs à titre universel : il permet de léguer à une œuvre une quote-part (une moitié, par exemple) de son patrimoine ou une catégorie précise de biens (les biens immobiliers, par exemple).
3. Le legs particulier : il permet de léguer à une ou plusieurs œuvres des biens déterminés : une maison, un tableau, une somme d'argent.

Sur le plan de la générosité, il n'y a pas de petits legs. Il peut y avoir une somme modique, mais qui continue les dons que le disposant faisait de son vivant.

Le choix du type de legs dépendra dans une certaine mesure de la volonté de transmettre l'intégralité de son patrimoine ou une partie.

Tous ces legs peuvent être combinés. Malgré une transmission universelle, une partie des biens peut être laissée à sa famille par le biais d'une charge, ce qui peut être avantageux fiscalement.

Côté pratique, la démarche est assez simple : pour léguer à une association ou une fondation, il suffit de rédiger un testament pour faire part de ses volontés.

Deux formes de testament sont le plus couramment utilisées : le testament olographe, entièrement écrit de la main du testateur, daté et signé, et le testament authentique, rédigé par un notaire. Il convient d'être précis sur la désignation du bien légué, en indiquant, par exemple, son adresse s'il s'agit d'un bien immobilier.

Afin de pouvoir faire un legs à une association ou fondation ou œuvre, il faut envisager plusieurs choses.

La première étape est de choisir l'association ou l'œuvre habilitée à recevoir le legs.

Puis, une réflexion doit être menée dans la mesure où il est possible d'assortir son geste de conditions ou d'imposer à l'association certaines obligations. Attention à ne pas être trop précis et restrictif. Si l'association ne peut se conformer à ces exigences, elle sera malheureusement obligée de refuser la libéralité. Imaginons par exemple une personne qui souhaite que l'argent qu'elle lègue serve à construire un dispensaire dans tel ou tel pays et qu'à son décès il apparaisse que plus aucun organisme ne se trouve sur place car le pays est en guerre. Avant tout don ou legs, il est conseillé de se rapprocher de l'association que l'on souhaite gratifier. Elle dispose généralement d'un service « dons et legs » pouvant utilement informer.

Il faut aussi s'interroger sur la fiscalité de l'opération pour le bénéficiaire, exonération ou non.

Il faut s'interroger sur la présence d'enfant ou de conjoint, ce qui peut limiter la portée du legs, le legs étant réduit à la quotité disponible, sauf à les associer en les faisant renoncer à leur part réservataire minimale dans le cadre d'un pacte de famille à travers la renonciation à l'action en réduction.

Il est conseillé de faire relire le testament par un notaire pour s'assurer de l'efficacité du legs.

En résumé, le legs, c'est prolonger l'engagement de vie du disposant après sa mort en transmettant un patrimoine. C'est un acte important, à l'image du disposant, en ligne avec ses valeurs.

Loi 1901

« Les lois inutiles affaiblissent les lois nécessaires. »
MONTESQUIEU, *De l'esprit des lois*

■ Frédérique PFRUNDER
Déléguée générale du Mouvement associatif

La loi du 1er juillet 1901 est une loi de transformation politique. Elle fait partie des textes qui, à la fin du XIXe siècle et au début du XXe siècle, contribuent à construire les fondements de notre République autour de quelques grands principes.

Celui que porte la loi 1901 est celui de la liberté des citoyens de s'associer et de se réunir sans déclaration et autorisation préalables auprès des autorités. La loi du 1er juillet 1901 est une grande loi de liberté et de confiance, fruit d'un long combat qui a traversé le XIXe siècle, après l'interdiction en 1791 par la loi Le Chapelier des corporations et associations professionnelles. Il a fallu pas moins de trente-trois projets, propositions de loi et rapports sur cette période avant que ne soit finalement adoptée le 1er juillet 1901 la loi sur la liberté d'association portée par Pierre Waldeck-Rousseau, alors président du Conseil. Un rapport sénatorial en 1882 exprime parfaitement la teneur des débats autour de ce projet et de ses ambitions : « L'homme est si peu de chose par lui-même, qu'il ne peut faire beaucoup de bien ou beaucoup de mal qu'en s'associant. De là les jugements contradictoires dont l'association est l'objet. Les uns ne croient pas que la société puisse être en sécurité avec elle, et les autres n'admettent pas qu'on puisse se passer d'elle. Nous croyons qu'il n'y a pas d'armure plus solide contre l'oppression, ni d'outil plus merveilleux pour les grandes œuvres, ni de source plus féconde de consolation et de bonheur. »

La force de la loi du 1er juillet tient à sa très grande simplicité, qui a permis l'épanouissement dans notre pays d'une force et d'une diversité associatives dont on trouve peu d'équivalents (voir article « Association »). Cohabitent ainsi sous un même statut des organisations ayant des objets, des modes d'action et d'organisation très différents. De l'association locale animant la vie d'un village et composée exclusivement de bénévoles à l'association gérant des établissements pour personnes âgées avec l'appui de centaines de salariés, en passant par une fédération sportive ou une association militant pour les droits humains, toutes contribuent, par les actions qu'elles portent et leur caractère non lucratif, à faire vivre l'engagement citoyen.

Néanmoins, la crainte de certains devant ce qui serait une trop grande liberté n'a pas disparu et la tentation de revenir sur celle-ci est régulière. C'est à la suite de l'une de ces tentatives, visant à instaurer un contrôle administratif de la déclaration des associations, que le Conseil constitutionnel a, en 1971, fait de la liberté d'association un principe à valeur constitutionnelle, confortant ainsi sa place essentielle au sein de notre République et de notre démocratie. Cependant, face à des enjeux de sécurité publique, ou parfois simplement face à la défense de certains intérêts, l'équilibre reste souvent bien fragile. Ainsi, l'augmentation très significative des décisions de dissolution d'associations prononcées en Conseil des ministres depuis cinq ans et l'extension de ces mêmes motifs de dissolution par la loi visant à conforter le respect des principes de la République sont des signaux inquiétants. Tout comme l'est le contrat d'engagement républicain (CER) qui, s'il ne modifie pas la loi du 1er juillet 1901, en modifie l'esprit, en demandant aux associations une déclaration préalable de conformité républicaine. Et c'est dans ce même esprit, dans une société en tension, que l'on voit émerger diverses expressions publiques et initiatives parlementaires appelant à limiter, y compris par la loi, les capacités d'action d'associations jugées trop militantes.

Dans tout État autoritaire, la liberté d'association est l'une des premières à être contrôlée, limitée ou entravée. La loi du 1er juillet 1901 a posé un socle sur lequel nous avons construit une immense vitalité citoyenne ; elle est notre patrimoine commun et un pilier essentiel de notre démocratie que nous devons avoir collectivement à cœur de protéger et de faire vivre dans toute son ambition.

M

Mauss (Marcel)

▪ Ilana F. Silber
Professeure de sociologie et d'anthropologie
à l'Université Bar-Ilan de Jérusalem

Le nom de Marcel Mauss est profondément associé à son célèbre *Essai sur le don*[1] (1925), aujourd'hui encore source d'inspiration classique non seulement dans l'étude du don, mais aussi dans nombre de domaines et de tendances dans les sciences humaines. Empiriquement, l'*Essai* témoigne du sentiment de Mauss d'avoir découvert, selon ses propres termes, « l'un des socles humains sur lesquels sont construites nos sociétés » : le don, « forme nécessaire de l'échange, de la division du travail elle-même », circulant perpétuellement selon une séquence infinie composée de trois obligations – donner, recevoir, rendre.

Cependant, dès le début, Mauss présente également le don comme un phénomène ambigu et complexe, allant même jusqu'à voir une « fiction » et un « mensonge social » dans les transferts de biens qui prennent la forme de gestes généreux et spontanés, alors qu'ils sont en réalité motivés par l'obligation et l'intérêt économique. Plus tard dans l'*Essai*, pour autant, il ne revient jamais à une telle formulation critique et insiste plutôt

1. Marcel Mauss [1925], *Essai sur le don*, PUF, 2012.

sur le don comme fondamentalement hybride, paradoxal et multidimensionnel, caractéristiques culminant dans la notion du don en tant que « fait social total ». Autrement dit, un fait dans lequel « tout se mélange » et toutes sortes d'institutions et d'aspects de la vie sociale s'expriment ensemble et en même temps : économiques, politiques, familiaux, moraux, religieux, esthétiques, etc. L'une des facettes hybrides du don est sa capacité à brouiller les frontières entre les personnes et les biens, investissant ainsi les objets donnés de l'esprit du donneur. En d'autres termes, le mouvement concret des biens en tant que cadeaux fonctionne également comme vecteur d'expression des identités personnelles et collectives, que ce soit de manière pacifique ou conflictuelle. En effet, ce qui aurait pu apparaître au départ comme des processus plutôt simples et même solidaires d'échange de cadeaux peut également engendrer une spirale de rituels violents et compétitifs de don agonistique (*potlatch*) et la formation de hiérarchies de statut et de pouvoir instables.

Toutes ces facettes plus sombres et dangereuses du don semblent largement oubliées dans le bref chapitre de conclusion, laissant place à un plaidoyer passionné pour raviver les pratiques nobles du don dans nos sociétés modernes en quête de solidarité accrue. Ce tournant éthique et politique *Essai sur le don* doit être compris dans le contexte de l'époque et des propres engagements idéologiques de Mauss : sa recherche d'une troisième voie entre le communisme et le capitalisme, sa méfiance envers un socialisme imposé d'en haut par l'État et la promotion d'une forme de socialisme associationniste qui émerge de la base de la société. Bien que Mauss n'ait pu prévoir l'essor de la philanthropie contemporaine, il ne l'a certainement pas exclue de sa réflexion sur la façon de favoriser une circulation plus juste et solidaire de la richesse. Il est frappant qu'il ait même suggéré de s'inspirer de l'exemple des pays anglo-saxons, où, selon ses mots, « les riches en viennent à se considérer, librement et obligatoirement, comme les trésoriers de leurs concitoyens ». Il n'aurait certes pas pu envisager comment les modèles de don impersonnel, médiatisé et organisé, ainsi que l'expansion et la professionnalisation de la collecte de fonds caractérisant une grande partie de la philanthropie actuelle pourraient remettre en question sa vision fondamentale de la triple obligation de donner, recevoir et rendre.

Jusqu'aux dernières pages d'*Essai sur le don*, Mauss souhaite nous convaincre de la beauté, du plaisir et de la noblesse du don généreux. Il termine également en plaidant en faveur d'une nécessaire et éternelle sagesse, car, même chargé de paradoxes, le don pourrait bien être la meilleure et seule alternative à une hostilité totale, à la guerre et à la violence : « C'est ainsi que le clan, la tribu, les peuples ont su – et c'est ainsi que demain, dans notre monde dit civilisé, les classes et les nations et aussi les individus, doivent savoir – s'opposer sans se massacrer et se donner sans se sacrifier les uns aux autres. C'est là un des secrets permanents de leur sagesse et de leur solidarité. » Un message qui continue d'être d'une brûlante actualité.

Mécénat

■ François Debiesse
Président d'Admical

Qu'est devenu le mécénat, deux mille ans après Caius Maecenas, protecteur d'Horace et de Virgile, qui lui légua son nom ? Cinq siècles après la Florence des Médicis, modèles emblématiques de mécènes, et plusieurs centaines d'années après les grands rois de France mécènes, de François Ier à Louis XIV ? Quarante ans après la création de l'association Admical portée avec compétence, sagesse et clairvoyance par le magnifique homme de bien que fut Jacques Rigaud, qui restera dans les mémoires comme le « père fondateur » du mécénat d'entreprise ? Vingt ans, enfin, après la loi Aillagon qui donna au mécénat en France un cadre juridique et fiscal particulièrement porteur ? La réponse est claire : le mécénat est là, plus vivant et important que jamais, et aussi promis à des développements significatifs tant les besoins sont grands, et tant la volonté d'engagement des entreprises s'est accrue. Mais qu'est-ce que le mécénat, aujourd'hui ? C'est un soutien financier, matériel ou humain apporté par une entreprise (pour les personnes physiques, on parle davantage de philanthropie que de mécénat), en direct ou *via* un véhicule juridique (fondation ou fonds de dotation), de manière principalement désintéressée, c'est-à-dire sans contrepartie équivalente, à une association œuvrant pour l'intérêt général dans toute sa diversité.

Il est donc, pour l'entreprise :

- un acte volontaire, contrairement à l'impôt, évidemment obligatoire ;
- un acte désintéressé, contrairement au parrainage ;
- un véritable engagement social ou sociétal, inscrit dans la durée, qui ne correspond ni à un caprice du président ni à une recherche d'optimisation fiscale.

Le mécénat n'est pas une niche fiscale puisque c'est une dépense supplémentaire pour l'entreprise, même après réduction d'impôts. L'avantage fiscal consenti à l'entreprise mécène est certes un gage de pérennité pour le mécénat, un accélérateur, mais certainement pas une motivation dominante pour l'entreprise qui s'y engage.

En plus de quarante ans, le mécénat s'est considérablement développé, au rythme des évolutions économiques, sociales et culturelles. Avec près de 4 milliards d'euros annuels, il atteint un niveau comparable à celui des pays où il est à l'œuvre depuis longtemps, et à celui de la philanthropie individuelle en France. Et pourtant, seules 9 % des entreprises de plus de 10 salariés sont mécènes, ce qui laisse la place à d'importants développements à venir.

Car sa souplesse, sa rapidité de mise en œuvre, sa transparence, son inscription dans la durée, sa capacité d'accompagnement, son impact social, enfin, lui permettent de jouer un rôle décisif, notamment *via* l'innovation, l'expérimentation, la prise de risque même, difficilement envisageables, voire interdites, à l'« argent public ».

Le mécénat agit dans tous les domaines de la vie sociale et donc du bien commun. Si la culture a longtemps fait la course en tête des domaines bénéficiaires du mécénat, l'évolution de la société française, ses fractures et son besoin de reconstruction a porté au premier rang des domaines soutenus par le social au sens large : de l'éducation à la lutte contre la pauvreté et l'exclusion, des droits des femmes à l'insertion et au logement, de la santé à l'économie sociale et solidaire, sans oublier le sport. L'environnement, quant à lui, pourtant sujet fondamental pour notre avenir commun, ne se développe que petit à petit au sein du mécénat, car davantage pris en charge par les politiques de responsabilité sociétale de l'entreprise (RSE), forme d'engagement plus récente mais également plus contrainte.

S'il s'est développé, le mécénat a aussi beaucoup changé au fil des années. Initialement plutôt artisanal et intuitif, il s'est énormément professionnalisé. Individualiste et incarné par le chef d'entreprise, il est devenu beaucoup plus collectif et repose notamment sur une volonté accrue des salariés de s'engager personnellement. Centré sur Paris où siègent les grandes multinationales, il est aujourd'hui présent dans tous les territoires et porté par les PME et ETI. Plus visible, le mécénat des entreprises est aussi plus critiqué dans les médias, par des universitaires et des politiques réticents à l'idée que le « privé » puisse contribuer à la chose publique autrement que par l'acquittement d'un impôt fort et sans exemptions possibles. D'où l'importance de l'éthique du mécénat, pour éviter les dérives, réelles mais rares, qui sont préjudiciables à la légitimité du mécénat dans son ensemble.

À la fin de son beau livre *Les Enfants du vide*, Raphaël Glucksmann écrit : « Si nos aînés ont vécu dans un monde saturé de dogmes et de mythes, nous sommes nés dans une société vide de sens. Leur mission était de briser les chaînes, la nôtre sera de retisser des liens et de réinventer du Commun. Des chemins existent pour sortir de l'impasse : saurons-nous les emprunter[1] ? » Le mécénat est un chemin, il n'est pas le seul mais il est un formidable créateur de liens au service d'une société qui en a diablement besoin !

1. Raphaël Glucksmann, *Les Enfants du vide*, Allary Éditions, 2018.

Merci

▪ Ariane Bois
Journaliste et écrivaine

Comment ça va ? Bien, merci. Tu veux du dessert ? Non, merci. Voilà ton courrier : ah, merci bien. « Merci », un petit mot, un mot purement formel, un mot-valise de notre quotidien ? À entendre les conversations, les mercis se ramassent à la pelle et ne veulent pas dire grand-chose. On répond à la question, on s'acquitte *a minima* de sa dette sociale en prononçant ces cinq lettres. Pourtant, l'on sent bien que derrière le merci d'usage se joue plus qu'une marque de civilité. Il suffit de reprendre l'étymologie du mot : merci vient de *merces*, qui signifie « salaire », « prix », « récompense ». Tiens donc, une valeur y est donc attachée. Qu'il soit employé en ancien français à l'égal de pitié, de grâce sous la forme d'un « mercit » avec un t qui a depuis disparu, il signifie la gratitude, la déférence et nous oblige. En prononçant ce simple mot, on entre en relation, on reçoit mais on donne aussi. On s'engage de manière plus authentique, plus humaine. Le philosophe André Comte-Sponville le résume admirablement : « Remercier, c'est donner, rendre grâce, c'est partager. Ce plaisir que je te dois, ce n'est pas pour moi seul, cette joie c'est la nôtre. » Dire merci nous fait entrer en relation, en reconnaissant l'autre et son geste, on valide son existence, on se place dans l'instant présent, dans la communion. La dette s'allège et le remerciement sincère ne peut être comparé à de la soumission, à de la domination. Car il fait de nous des égaux : je te donne et je te vois, je reçois et je te vois aussi, la relation, soudain, se rééquilibre par le charme d'une phrase. Qui n'a pas été blessé de ne pas recevoir entre amis, entre collègues un merci tant espéré ? C'est quelque chose dont on se souvient et qu'on a du mal à oublier. Pourtant, même si dès l'âge de 6 ans, les enfants font la distinction entre un merci authentique et un autre de pacotille, exprimer sa gratitude ne va pas de soi : certains pays comme la France se montrent frileux tandis qu'aux États-Unis, pays champion pour la philanthropie et la générosité, donner semble naturel et ancré dans le quotidien. Au Japon, il existe un jour du merci en entreprise : chacun doit féliciter les autres, pour une bonne organisation et pour l'ambiance au bureau. Si la bonne éducation en France oblige les petits à remercier les adultes, quid de la poursuite de cette activité une fois adultes ? Certains n'osent pas remercier, par pudeur, honte, ou peur aussi ; pour laisser parler son cœur d'une manière authentique, il faut être en contact avec son émotion, la reconnaître, et finalement se dévoiler. Parfois un travail sur soi est nécessaire pour comprendre d'où vient ce blocage : qu'est-ce qui nous empêche de montrer notre reconnaissance réelle ? En Europe du Nord, l'école donne des leçons de gratitude car les Danois, par exemple, savent qu'exprimer celle-ci est gage de bonne santé physique et relationnelle, et que dire merci est un cercle vertueux : la personne en question, appréciée davantage, se montre plus aimable et reconnaissante, entraînant un meilleur niveau de compréhension entre les êtres. On ne risque rien à dire merci, à exprimer sa reconnaissance pour un don, un service, de l'argent, rien à part changer notre vie. Alors, merci, merci du fond du cœur de m'avoir lue.

O

Objectifs de développement durable (ODD)

■ Philippe JAHSHAN
Directeur stratégie, prospective et relations institutionnelles de l'Agence française de développement

En septembre 2015, l'ensemble des États ont adopté un agenda commun pour le développement durable à New York, dans l'enceinte des Nations unies. Constitué de dix-sept objectifs de développement durable (ODD), il réalise la réunion de l'agenda du développement et de celui du climat et de l'environnement jusque-là dissociés. Cela à l'horizon de 2030. Organisé autour d'objectifs sociaux, environnementaux, économiques, mais aussi institutionnels et partenariaux, il constitue à cette heure l'unique cadre universel d'une telle portée et permettant à l'ensemble des États, comme des acteurs publics et privés, de disposer d'une métrique commune pour se mesurer, mesurer leurs efforts, coopérer et partager leurs pratiques. Cet agenda est historique et on en mesure trop peu la force de convergence et de dialogue, à l'heure où le champ diplomatique est fracturé. Avec les ODD, tous les pays – sans distinction entre les hémisphères – doivent orienter leurs modèles vers un développement écologique, plus juste, plus partenarial et favorisant le renforcement d'États de droit. Les pays riches ont une responsabilité additionnelle à cela, celle de maintenir l'effort de solidarité à l'égard des pays à faibles revenus pour les accompagner dans la réalisation des ODD sur leurs territoires.

C'est à cela que sert l'aide publique au développement qui se monte aujourd'hui à 200 milliards de dollars et tous les efforts qui y contribuent. Et pourtant, à six ans de l'année 2030, seuls 15 % des objectifs ont été réalisés.

La réalité, c'est qu'au-delà de cet effort essentiel, c'est celui plus fondamental de l'orientation de l'ensemble des investissements domestiques et mondiaux, privés et publics, pour le développement durable qui reste à traiter. Ceux-ci s'élèvent à plus de 25 billions de dollars, répartis à parts quasi égales entre les pays riches et les pays à revenus intermédiaires, dont deux tiers sont d'origine privée. C'est-à-dire très largement pour permettre l'atteinte de l'ensemble des dix-sept ODD dont le coût est estimé entre 5 000 et 6 500 milliards de dollars par l'ONU. Les retards sur le plan environnemental, la pauvreté qui repart à la hausse, les faiblesses structurelles des investissements dans les secteurs sociaux démontrent que malgré la masse des flux financiers disponibles, ceux-ci demeurent majoritairement mal investis et mal orientés à l'échelle mondiale.

Aux ODD établis en 2015 a succédé l'accord de Paris pour le climat en décembre. Porteur d'un article 2.1c, clé sur l'alignement « climat » des investissements. À côté des enjeux de quantité, cet article a posé ceux de la qualité de la finance, autour de deux principes : ne pas nuire et contribuer positivement. C'est bien à l'échelle des ODD que le système financier international doit encore faire acte de cet engagement qualitatif, celui d'une régulation des flux et des investissements publics et privés et de l'établissement de standards adaptés, pour qu'ils nourrissent un développement faible en carbone, respectueux de l'environnement, juste et inclusif socialement ; cela doit être au cœur du prochain sommet sur le financement du développement prévu pour 2025.

C'est enfin là que se situe la contribution positive et essentielle de la politique de développement et de la diplomatie des enjeux globaux aux relations internationales et multilatérales ; pour continuer d'y tisser des liens impératifs de coopération et de solidarité autour d'enjeux communs et maintenir vivant et possible l'horizon d'un monde durable, de paix et de prospérité partagées.

P

Partage

▪ Paule-Henriette Lévy
Directrice générale de la Fondation du Judaïsme Français

Il y a peu de mots dans la langue française qui comme « partage » disent à la fois tout et son contraire. En effet, « partage » désigne « ce qui sépare », « ce qui fait part » : du gâteau au butin, mais également « ce qui rassemble » lorsqu'il s'agit, par exemple, d'une opinion ou d'un sentiment. La philanthropie s'arrange formidablement de cet antagonisme, puisque « ses parts » ont pour unique vocation d'être redistribuées, ce qui faisait dire à John Davison Rockefeller que « le partage est le fondement même de la philanthropie, une vertu qui élève l'humanité ». Rendons à César ce qui est à César : si ce mot en son premier sens a d'abord appartenu au registre des héritages, il a fait depuis son chemin et s'est invité à plusieurs tables, devenant un acte de générosité intentionnelle qui nourrit non seulement les besoins matériels, répondant ainsi à une sorte d'urgence, mais aussi, d'une autre façon, l'âme humaine.

Le partage philanthropique transcende en effet la simple distribution de biens, de ressources, de services aux personnes et aux communautés dans le besoin. Il incarne un état d'esprit altruiste, un engagement envers l'amélioration collective et met en avant la nécessité de la redistribution des richesses accumulées, pour le bien de la société, du pays, de la planète.

Le partage des connaissances est un autre de ses visages. Ainsi, de nombreuses actions philanthropiques font le pari du savoir et investissent (car ce partage-là est bien un investissement) dans l'éducation, la recherche et le développement afin d'ouvrir des portes jusqu'alors inaccessibles à beaucoup de nos concitoyens à travers le monde, dont les jeunes femmes, particulièrement touchées par cette injustice. En offrant des chances égales d'accès à l'école, à la formation, aux nouvelles technologies ; en faisant la part belle à la transmission, à l'instruction, à la culture, le partage agit comme un levier pour réduire les inégalités et favoriser un développement global. Ce savoir partagé va, en effet, se partager à nouveau, essaimer, structurer, offrir au plus grand nombre la possibilité de réaliser ses propres aspirations dans des domaines aussi variés que l'art, l'artisanat, la science, la technologie parce que chacun d'entre nous, où que nous vivions, qui que nous soyons, a le droit d'aller au bout de ses rêves et de ses ambitions.

Les actes de partage, qu'ils soient individuels ou institutionnels, créent des réseaux d'impact qui se multiplient à travers le temps. Qu'il s'agisse de partager des ressources matérielles, des connaissances, des opportunités, etc., le partage en philanthropie renforce le tissu social et nourrit l'essence même de notre humanité. C'est aussi Rockefeller qui disait que « le partage est la seule manière de devenir vraiment riche » ; une richesse qui, dans le contexte de la philanthropie, se mesure en bien-être collectif et en impact durable, bref en bonheur pour tous.

Patrimoine

▪ Jean-Michel WILMOTTE
Architecte

Le patrimoine fait référence à une richesse commune qui se partage et se transmet, c'est un héritage. En anglais d'ailleurs, héritage et patrimoine sont un seul et même mot. Le patrimoine incarne et diffuse la culture et l'histoire d'un peuple. Il est double. Immatériel, intangible, il est coutume, représentation, culture, savoir et savoir-faire. Hérité d'une génération, enrichi par la suivante et transmis de nouveau, il est vivant et en perpétuelle évolution. Il est aussi matériel : il est alors architecture, villes, paysage… Ancré au cœur des territoires, il se déploie. Sensible par essence à l'usure du temps et de l'histoire, il est essentiel de le sauvegarder. En France, certains ont une vision intransigeante de la préservation du patrimoine. Je ne peux me résoudre à le penser figé. Le patrimoine doit évoluer avec son temps. Lui aussi se doit d'être vivant et en perpétuelle évolution. Plus que la conservation, je prône la reconversion et les nouveaux usages. Aujourd'hui, les pays développés ont aménagé la quasi-totalité de leur territoire. Il se pose la question du recyclage de ce dernier. Le temps du développement a cédé sa place au temps du renouvellement. Ce qui me plaît dans la reconversion du patrimoine, c'est de concevoir l'intervention architecturale comme une valorisation de l'existant. Il s'agit d'investir le lieu pour lui redonner vie, ou plutôt une nouvelle vie… Concrètement, cela veut dire conserver tout ou partie de l'édifice comme une racine en lui adjoignant les éléments contemporains nécessaires à sa nouvelle vie : c'est ce que j'appelle la « greffe contemporaine ». C'est la rencontre

– le dialogue – entre plusieurs époques. Avec les technologies actuelles, nous avons les moyens de rénover des bâtiments anciens sans tomber dans le pastiche. Il ne faut pas cacher les cicatrices que l'histoire, le climat, les guerres ou simplement le temps ont pu laisser sur le bâtiment. C'est l'intervention contemporaine, en renfort des savoir-faire traditionnels, qui éclaire et met en exergue le passé d'un bâtiment patrimonial dans une mise en valeur réciproque. C'est véritablement cette reconversion qui implique un changement des mentalités quant à l'approche même de la notion de patrimoine.

Pauvreté

▪ Nicolas Duvoux
Professeur de sociologie à Paris-VIII

La pauvreté est une réalité scandaleuse et contradictoire. Scandaleuse parce que son existence même est une forme d'accusation contre toute organisation sociale qui prive certains de ses membres des biens – mais aussi souvent des liens – essentiels à sa vie sociale, voire à sa simple survie. Derrière les chiffres et les critères qui cherchent à la circonscrire, la pauvreté est toujours une forme de violence. Contradictoire parce que la pauvreté, qui se comprend le plus souvent par le manque, l'absence, est aussi le terreau d'un foisonnement de formes de vie et de significations. Comme le roman picaresque *La Vie de Lazarillo de Tormes* l'a magnifiquement illustré au Siècle d'or espagnol, les vies qui se déploient à la marge de l'organisation sont dures mais inventives, marquées par la souffrance mais aussi par une nécessité d'inventer, d'expérimenter. Les vies des pauvres constituent, souvent à leur insu, des laboratoires des sociétés. Comment ne pas voir que la sobriété, si nécessaire pour atteindre nos indispensables objectifs d'atténuation et d'adaptation au changement climatique, existe déjà dans les quartiers les plus pauvres, sous une forme contrainte en chaque instant, dans chaque geste et chaque objet ? Cette sobriété, la société s'en détourne alors qu'il faudrait s'en inspirer.

Au-delà des personnes directement concernées, la pauvreté cristallise un autre genre d'invention, qui vient cette fois de la société dans son ensemble. En effet, parce que la pauvreté est un scandale, elle appelle des formes d'intervention. Elle constitue un fil directeur des pratiques de don, de générosité, de redistribution à l'échelle de l'humanité. Frappés par le caractère discrétionnaire et humiliant du don, les Hébreux avaient imaginé, pour la Pâque, une boîte à don anonyme dont Elie Wiesel a montré qu'elle permettait de concilier le don d'un côté, l'anonymat et la dignité de l'autre. L'historien de l'Antiquité tardive Peter Brown a quant à lui montré comment le christianisme a contribué, à travers la figure du Christ, à faire de la pauvreté une valeur centrale et un point de référence pour les pratiques des élites qui se consacraient, de longue date, à l'évergétisme. L'importance donnée à la pauvreté dans le monde occidental et la valeur, positive, qui lui a longtemps été accordée (le pauvre est l'image du Christ sur terre) sont liées au christianisme, même si de nombreuses religions mettent en forme, à travers des « piliers », l'attention aux nécessiteux, la charité, la solidarité.

À la Révolution, la nation a affirmé le « devoir sacré » d'aider et de porter assistance aux plus pauvres. Cela a notamment été l'œuvre du Comité de mendicité présidé par le duc de La Rochefoucauld-Liancourt (1790-1791). La question sociale ne cessera de travailler la société moderne, frappée par les formes inédites de pauvreté (le « paupérisme », décrit avec acuité par les réformateurs et les romanciers comme Victor Hugo en France, Charles Dickens en Angleterre). L'assistance sociale a su s'imposer comme une valeur républicaine, en cherchant à dépasser les oripeaux paternalistes de la philanthropie du XIXe siècle, mais en conservant nombre de ses pratiques et des techniques d'intervention qui avaient été inventées par les réformateurs sociaux à cette période. Après une éclipse au XXe siècle, la pauvreté revient, depuis plusieurs décennies, au cœur de la réalité et des débats sociaux. Les dons se multiplient, l'assistance s'élargit mais le malaise demeure, les potentialités d'invention et les risques sociaux qui se cristallisent dans la pauvreté restent des foyers incandescents de remise en cause et en mouvement des sociétés.

Philanthropie

Le premier emploi répertorié du mot « philanthropie » apparaît dans la langue française moderne dans l'essai *Dialogues des morts* (1712) de Fénelon. Le théologien et philosophe définit la philanthropie comme « une vertu douce, patiente et désintéressée, qui supporte le mal sans l'approuver ».

▪ Pierre SELLAL
Président de la Fondation de France

Le mot et sa définition, sinon sa pratique, apparaissent dans la langue sous la plume de Fénelon, dans ses *Dialogues des morts* : « Une vertu douce, patiente et désintéressée, qui supporte le mal sans l'approuver. » La formule, en 1712, exhale et même devance l'atmosphère du siècle, un esprit d'époque qui amorçait sa mue séculière et exaltait déjà « l'amour des hommes ».

Elle conserve cependant une pertinence surprenante et rend compte dans une très large mesure de ce que peut être, aujourd'hui, la philanthropie.

En premier lieu une vertu, autrement dit une qualité individuelle, car elle exprime le caractère et définit la démarche d'une personne : une collectivité peut être protectrice et généreuse, on ne la dira pas philanthrope. Vertu aussi en référence à une morale, faite d'attention à autrui, de générosité et de dépassement des attitudes de repli et d'égoïsme.

Une vertu douce… D'aucuns seront tentés d'y voir une faiblesse ou une insuffisance, inhérente à une démarche d'apaisement, non coercitive, soucieuse de ménager et jamais d'imposer. Le doux ici, à l'instar du « doux commerce » dans lequel Montesquieu voyait l'antidote aux conflits, évoque la bienveillance et l'aménité, la compassion et la présence aidante. On ne saurait critiquer ces attitudes ; elles restent actuelles dans la philanthropie d'aujourd'hui.

Une vertu patiente… La philanthropie trouve certes à se manifester dans l'urgence d'une situation ou d'un besoin, et elle est souvent appelée en renfort dans de telles circonstances. Mais son dessein est plus profond, vise au durable et à construire. Son rapport au temps est ainsi singulier : capable de mobilisation rapide, voire d'instantanéité (car le philanthrope a la maîtrise de son action, à condition qu'elle serve l'intérêt général), elle entend aussi se projeter dans la durée, affranchie de contingences et d'échéances. Elle accepte et joue la patience, si nécessaire la persévérance, afin d'agir en profondeur.

Le désintéressement demeure aujourd'hui un caractère essentiel de la philanthropie, y compris du point de vue de la fiscalité qui lui est applicable, selon le Code général des impôts. L'acte philanthropique ne poursuit pas un bénéfice matériel direct, il est exclusif d'un objectif lucratif immédiat.

Enfin, le rapport au mal évoqué par Fénelon participe de l'attitude philanthropique vis-à-vis du monde. Le mal, aujourd'hui, ce sont les conflits, les crises, les catastrophes, avec leurs cortèges de victimes et de souffrances. Ce sont aussi les situations de précarité, d'injustice, de dénuement de tous ordres. Le mal existe dans ce monde, et la première des vertus est de ne pas nier son existence. Mais le « supporter » n'est pas s'incliner devant sa fatalité, et encore moins l'« approuver ». C'est au contraire le regarder en face et réunir les moyens d'en combattre les manifestations, en s'efforçant de s'attaquer à ses causes. La charité vise à soulager, la philanthropie a l'ambition de réparer ou de prévenir.

Si les termes de Fénelon cernent fort bien la philanthropie en la distinguant de la charité de son époque, et même de la bienfaisance du siècle suivant, ils omettent toute référence à l'État, ce qui n'a rien d'étonnant plus de deux siècles avant l'avènement de l'État providence. C'est par rapport à ce dernier que la philanthropie impose aujourd'hui sa singularité. En premier lieu dans le champ même des interventions de l'État providence, comme la santé, l'éducation ou l'assurance face aux risques de la vie, car celui-ci ne détient pas un monopole exclusif dans la poursuite de l'intérêt général. Bien au contraire, la philanthropie témoigne fortement de la conviction que chacun peut apporter sa contribution personnelle à la recherche et à la réalisation du bien commun.

Mais, alors que l'État intervient par la norme contraignante ou le soutien de l'argent public, lui-même issu de prélèvements obligatoires sur les revenus, les bénéfices ou le patrimoine, l'action philanthropique relève d'une démarche volontaire et non contrainte, d'une envie individuelle de faire, d'aider, d'agir. Elle se traduit par la mise à disposition d'autrui ou d'une cause d'une partie de ses moyens propres, de son temps, de ses compétences. Elle peut compléter l'action publique, parfois l'inspirer, dans certains cas la suppléer s'agissant de causes ignorées ou délaissées, tout en restant indépendante car fruit d'une démarche volontaire, cependant sans jamais prétendre combattre la politique publique. C'est à ce titre qu'elle est aujourd'hui encouragée par l'État, notamment sur le plan fiscal, dans une recherche d'équilibre entre les politiques publiques et les initiatives privées.

La philanthropie a longtemps été indissociable de la notion de progrès : le monde n'est pas condamné au « mal », il peut être rendu meilleur par la volonté et l'action, l'altruisme et les solidarités, la capacité de faire ensemble et l'efficacité qui en découle. Notre époque est moins à l'aise avec l'idée de progrès, et le philanthrope se considère sans doute moins démiurge que par le passé. Il reste cependant épris de vérité, de savoir et de connaissance, dont la relégation ou la contestation sont les indices de sociétés d'inégalités et de tensions. C'est pourquoi la philanthropie est éminemment présente dans le soutien à l'éducation, à la recherche, à la science, qui sont gages sinon de progrès, du moins aisément de références partagées et de capacité au dialogue.

La confiance, enfin, imprègne toute la démarche philanthropique. Confiance du donateur qui, sans aucune contrainte, accepte d'apporter sa contribution au bien commun. Confiance dans la réception qu'en fera autrui comme de celui qui entreprend un projet ou une action de longue haleine. Confiance, surtout, dans la possibilité même d'agir pour le meilleur et le rejet de la résignation, du repli et de l'abandon. Ainsi la philanthropie est-elle avant tout un acte de confiance dans l'avenir.

Pouvoir

▪ Véronique HELFT-MALZ
Politologue, spécialiste des femmes politiques

Max Weber, dans son ouvrage majeur *Économie et société*, considère le pouvoir comme « la capacité d'exercer une influence sur les autres et de les amener à agir conformément à vos intérêts ou objectifs ». Ces objectifs peuvent varier considérablement, reflétant le spectre des motivations qui sous-tendent le pouvoir. Lorsque le pouvoir est motivé par des intérêts personnels et despotiques, il est souvent associé à la domination et à l'exploitation. En revanche, lorsque le pouvoir est guidé par des motivations humanistes, il peut être associé à des actions philanthropiques visant à améliorer les conditions de vie de l'ensemble de l'humanité. Ainsi, la nature du pouvoir peut être évaluée en fonction des intentions et des actions entreprises pour atteindre les objectifs poursuivis.

Depuis le début du XXIe siècle, les philanthropes occupent un rôle à part dans la gestion et l'influence des politiques publiques occidentales. Parallèlement, une convergence croissante apparaît entre la sphère publique et la sphère privée. Cette intrusion importante dans le champ politique, de ces acteurs d'un genre nouveau, généralement ni élus ni nommés par les citoyens, déstabilise. En effet, cette ingérence, qui modifie sans règles définies les orientations politiques des communautés, sociétés ou pays, représente indéniablement une nouvelle forme de pouvoir. Ainsi, la philanthropie, acte de générosité qui consiste à donner de manière « désintéressée », peut alors se définir comme l'expression forte du pouvoir individuel où l'argent remplace les élections, les mandats et les programmes.

En se référant à Platon, il n'y aurait pas de « vertu vertueuse », nous pourrions rapidement conclure que celui qui s'adonne à la « vertu philanthropique » le ferait en réalité pour des raisons personnelles échappant à autrui, des raisons qui seraient essentiellement liées à son histoire individuelle.

Le philanthrope serait-il alors animé par un pouvoir qu'il exerce en ayant une emprise sur l'Autre ? La surmédiatisation, principalement par le biais des réseaux sociaux, d'actes philanthropiques spectaculaires, affirme plus encore le pouvoir philanthropique, qui ne semble être que « le fait du prince ».

Libre à chacun de penser différemment, de douter ; mais libre à chacun également de croire dans la « bonne intention » des philanthropes, quels qu'ils soient. Cette conviction aussi est une forme de pouvoir. La philanthropie est une chaîne vertueuse qui nécessite la confiance de tous et qui va au-delà du simple don d'argent. Elle représente une véritable contribution et un engagement personnel envers le bien-être collectif.

S'il est vrai que la philanthropie est souvent associée à l'idée de pouvoir, de richesse, de gouvernance unilatérale… il nous faut revenir à son étymologie. À ce niveau, les paradigmes changent. Le pouvoir demeure mais il est au service de l'Autre, du Semblable, de l'Humain. Il est au service de l'homme.

■ Olivier ZUNZ
Professeur émérite d'histoire à l'Université de Virginie

L'action philanthropique à l'initiative d'individus riches, aux objectifs ambitieux, et par l'intermédiaire de fondations faiblement contrôlées par l'État et exemptes d'impôts, crée nécessairement des enjeux de pouvoir. Le débat sur le pouvoir des philanthropes est d'autant plus vif que ceux-ci n'hésitent pas à financer leurs priorités au nom du bien commun. Ainsi, Andrew Carnegie, qui le premier porta la philanthropie américaine à grande échelle, désirait ardemment rendre à la société sa fortune mais en privilégiant les causes qui lui tenaient à cœur. Il pensait qu'un esprit supérieur comme le sien saurait le mieux administrer sa fortune pour les autres et était surpris quand ses choix n'étaient pas acceptés par les récipiendaires. Nombre de donateurs ont pris des mesures pour assurer la pérennité de leurs causes privilégiées, la « mainmorte » du donateur obligeant alors les administrateurs de legs à suivre strictement les volontés du défunt.

Au choix des priorités s'ajoute celui des méthodes de gestion. Carnegie voulait distribuer sa fortune en adhérant aux principes managériaux qui lui avaient permis de devenir riche. Rockefeller, qui défendait la création de grands conglomérats industriels au nom de l'efficacité, voulait appliquer les mêmes techniques de concentration des ressources à la philanthropie car, disait-il, « le gaspillage dilue le pouvoir ».

Tout en voulant imposer leurs priorités, les philanthropes ont dû, de manière pragmatique, trouver des alliés auprès de nombreux experts. Ils devaient partager le pouvoir de l'argent avec des partenaires dans les milieux réformateurs, scientifiques et gouvernementaux avec qui définir et gérer leurs dotations. L'alliance entre riches et réformateurs a conduit à la répartition du pouvoir de décision et d'allocation des ressources. Sous le signe de cette collaboration, la philanthropie des milliardaires a affiché un objectif aussi ambitieux qu'imprécis – promouvoir le « bien-être de l'humanité ».

Les contestations de pouvoir et leur enjeu de légitimité démocratique sont moindres quand les sommes proviennent non plus de la philanthropie des riches mais de la philanthropie de masse – où de nombreuses institutions dites « à but non lucratif », elles aussi exemptes d'impôts, reçoivent et redistribuent de multiples petites sommes des classes moyennes et ouvrières, qui financent en quelque sorte leur propre protection sociale.

Le gouvernement a le rôle difficile d'être à la fois régulateur et partenaire de la philanthropie. Il veut en même temps garantir le contrôle des électeurs sur le pouvoir politique et additionner les ressources de la philanthropie à celles de l'État. Aux États-Unis, la collaboration entre gouvernement et philanthropie a pris forme dans les années 1920, sous la présidence de Herbert Hoover. Elle a connu une grande impulsion dans les années 1960, sous celle de Lyndon Johnson, dans la lutte contre la pauvreté dans le cadre de la « Grande Société ». Cette infiltration d'argent privé dans les affaires d'État alimente la critique du pouvoir philanthropique.

Mais historiquement, ce sont ces mêmes institutions philanthropiques qui, dans le cadre de la « Grande Société », ont promu le principe de « participation maximale possible » des pauvres dans la gestion des fonds destinés à les aider et ainsi transmis une partie du pouvoir de décision aux récipiendaires. La philanthropie peut aussi être source de pouvoir pour les défavorisés. C'est cette idée forte que soutenait Muhammad Yunus en lançant sa grande initiative d'engagement dans les communautés locales, créateur, disait-il, de « pouvoir économique » qui se traduit en « pouvoir social » et juste fierté.

Projets (appel à)

▪ Saïd HAMMOUCHE
Président de la fondation Mozaïk

On dit parfois qu'innover, c'est, avant même d'inventer un nouveau concept, arrêter d'avoir de vieilles idées… Depuis son lancement en 2008, notre projet s'est nourri de cette éthique d'action : mettre l'innovation sociale au service de l'émergence d'un modèle économique plus respectueux de celles et ceux qui le font vivre. Mais innover, c'est aussi inventer de nouveaux modes d'action, de nouvelles articulations et interroger les acteurs sur leurs pratiques, pour les faire interagir différemment.

De cette ambition et de cette expérience, je voudrais témoigner de la nécessité de sortir des prérequis, de ne pas s'enfermer dans des attentes prédéfinies par des financeurs, dans le cadre d'appels à projets ou de schémas préétablis.

Et pourtant, même il y a quinze ans, cette ambition ne relevait pas de l'utopie : la création du premier cabinet de recrutement associatif (non-profit) spécialisé en matière de diversité répond alors au gâchis des discriminations dans l'accès à l'emploi : près de 150 milliards d'euros selon France Stratégie[1]. Comment sortir de l'impasse ? Hier comme aujourd'hui, innover impose de sortir des sentiers balisés. Affaibli par des

1. *Le Coût économique des discriminations*, rapport, France Stratégie, 2016.

politiques budgétaires de plus en plus restrictives et par la stagnation économique qui lui coupe les ailes, l'intervention de l'État providence perd de sa vigueur. Au fil du temps, la course perpétuelle à la subvention publique a placé la lutte contre les discriminations dans un état de dépendance malsain vis-à-vis des pouvoirs publics sans que le financement par l'appel à projets ait pu relever le défi de l'action dans la durée.

Mais l'innovation est aussi affaire de conviction : pour être impactante, la lutte contre les discriminations doit être traitée sous l'angle économique, en considérant l'entreprise comme un partenaire et le DRH comme un allié potentiel, au moment où, rattrapés par les exigences du marché et la norme législative, les acteurs privés s'ouvrent aux enjeux de diversité et d'inclusion.

Mozaïk RH est ainsi le fruit de cette approche structurante : mettre en relation des recruteurs et des candidats diplômés mais mécaniquement exclus du marché du travail en raison de leurs origines sociales, culturelles, territoriales, ethniques, etc.

Nouvelle ambition, nouveau modèle innovant, un cap est rapidement franchi avec la création, en 2016, d'une fondation actionnaire détentrice du capital du cabinet devenu une entreprise à mission, les revenus générés par l'activité commerciale étant reversés à la fondation Mozaïk RH.

L'émergence de nouveaux partenariats intelligents entre acteurs publics, privés et associatifs sert de levier au changement d'échelle. Par des alliances à géométrie variable, et toujours de façon innovante et sans préjugés, le projet mobilise et engage l'ensemble de l'écosystème de l'inclusion économique : candidats, entreprises confrontées, pouvoirs publics, collectivités territoriales et associations qui interviennent sur le marché de l'emploi et de la formation.

La contribution à l'intérêt général se réalise ainsi par la complémentarité et l'hybridation des formes d'engagement dans lesquelles la philanthropie joue un rôle fondamental.

Des consortiums structurés autour de projets plus ambitieux voient le jour afin de relever le défi de la massification des nouvelles offres de service. Chacun apporte sa contribution : expertises techniques, mécénat de compétences, soutien financier… Ainsi est née, en 2021, une plateforme de recrutement inclusif accessible gratuitement pour les candidats et les recruteurs.

Point d'orgue, depuis trois ans, l'organisation du sommet de l'Inclusion économique, à Bercy, où se réunissent dix mille décideurs privés, publics, associatifs et jeunes professionnels, pour faire vivre ce nouveau mode de financement de l'intérêt général. Qui aurait pu l'imaginer ?

Sans attendre une « expression de besoin » dans un appel à projets, qui n'aurait pas pu avoir cette ambition, les résultats sont tangibles : plus de vingt mille personnes recrutées, 80 % des entreprises du CAC 40 accompagnées pour leurs campagnes de recrutements, etc.

Cette expérimentation d'une troisième voie entre le « tout-État » et le « tout marché » démontre ainsi que la capacité de porter des initiatives et de les « faire passer à l'échelle », si attendue par la grande majorité des financeurs dans leurs appels à projets aux ambitions généreuses, peut elle-même être conçue de façon… innovante.

R

Recherche

▪ Floriant Covelli
Délégué général de l'Institut français du Monde associatif

La recherche est cette activité, souvent mystérieuse pour qui n'est pas chercheur, dont la finalité est de produire des connaissances.

En tant que dirigeant associatif, salarié et bénévole depuis plus de trente ans dans l'univers associatif et philanthropique, je ne cesse d'être confronté à des enjeux de connaissance. Comment rendre compte de nos missions et de leur valeur auprès de nos parties prenantes ? Comment piloter nos stratégies dans un monde en mouvement ? Comment capitaliser sur nos expériences ?

Pour répondre à ces questions, la recherche est une ressource puissante, pourtant aujourd'hui très insuffisamment activée par les acteurs associatifs et leurs partenaires publics et philanthropiques. C'est ce qui a motivé une équipe de bénévoles, dirigeants associatifs et chercheurs, tous amoureux du fait associatif, à créer l'Institut français du Monde associatif (IFMA) en janvier 2019[1].

L'idée que la recherche permette de mieux faire reconnaître la contribution des associations à la société et à la démocratie est

1. institutfrancaisdumondeassociatif.org.

le premier moteur de cette création. Si nous savons, grâce à une statistique désormais bien installée en France, que 1,37 million d'associations mobilisent 22,3 millions de participations bénévoles, emploient 1,8 million de bénévoles et totalisent un budget de 123,7 milliards d'euros[1], que savons-nous de la part de l'intérêt général qu'elles prennent en charge ? Que comprenons-nous de la façon dont elles concourent à la transformation de la société ? Et si l'on ne sait répondre de façon documentée à ces questions, comment nourrir le plaidoyer du monde associatif, son dialogue avec les pouvoirs publics et avec ses partenaires philanthropiques ?

Par ailleurs, par ses clés de lecture théorique, et également par son analyse de terrains et de pratiques, la recherche offre la possibilité aux acteurs associatifs, comme aux acteurs philanthropiques, de mieux comprendre le monde qui les entoure, d'anticiper les grandes mutations et d'analyser les mécanismes par lesquels ils produisent de la valeur sociétale. Il y a toutefois à cela un préalable de taille : organiser le dialogue entre les besoins de connaissance des acteurs et le monde de la recherche.

L'IFMA a ainsi entrepris des groupes de travail acteurs-chercheurs pour analyser les grandes questions que le monde associatif et ses partenaires publics et philanthropiques souhaitent soumettre à la recherche.

De leur côté, les associations posent des diagnostics, expérimentent de nouvelles réponses sociétales et de nouvelles formes d'organisation. Elles produisent une vision du monde et de nouveaux récits de société. Elles transforment les perceptions et les usages des citoyens, les pratiques professionnelles, et elles

1. Viviane Tchernonog et Lionel Prouteau, *Le Paysage associatif français*, Éditions Lefèbvre-Dalloz, 2023.

inspirent les politiques publiques. Dit autrement, le monde associatif est porteur d'une fonction de « recherche et développement (R&D) » sociétale.

Pourtant, et alors que dans le secteur privé lucratif, le financement de la R&D n'est pas une option mais un investissement pour demain, et qu'il bénéficie d'aides publiques, le monde associatif est aujourd'hui trop peu soutenu dans ses efforts de recherche. C'est un enjeu pour l'avenir de notre société et c'est évidemment une question fondamentale pour les politiques publiques. Les acteurs philanthropiques, engagés pour la transformation sociétale, pourront montrer la voie.

■ Philippe Kourilsky
Professeur émérite au Collège de France,
directeur général honoraire de l'Institut Pasteur,
membre de l'Académie des sciences

Le désir de connaître et le partage du savoir sont propres à l'être humain. Ils s'expriment pleinement dans la recherche fondamentale. Animée par le goût et la joie de la découverte sans souci d'applications immédiates, celle-ci suppose un engagement et une forme de don de soi qui sont proches de la philanthropie.

Sera-ce encore le cas demain ?

Désormais plus diverse, plus technique, plus normée, la recherche fondamentale coûte de plus en plus cher. Ses financements respectent-ils l'indépendance de ses choix ? En majorité publics, pas seulement nationaux, ils sont abondés à des degrés divers par la générosité des citoyens et des mécènes.

Certains estiment que la recherche fondamentale doit être protégée (voire « sanctuarisée »), non pour elle-même, mais au motif qu'elle est la poule aux œufs d'or de l'innovation. Celle-ci est à juste titre essentielle pour la résolution de problèmes majeurs (santé, environnement), comme pour le développement économique. Mais l'innovation est fondée sur des mécanismes et des financements distincts, principalement privés.

Leur financiarisation aujourd'hui très poussée permet d'en partager les risques. Hier prépondérants, les industriels ont fait place à des acteurs financiers (fonds d'investissement, etc.) et au capital-risque dans la création d'innombrables start-up. Aujourd'hui, la finance se rapproche de l'amont, donc de la recherche fondamentale, tout en jouant un rôle primordial dans l'aval. Le développement de projets d'ambition planétaire requiert des capitaux massifs[1]. Leur réussite permet à des entreprises de financer la recherche fondamentale qui les intéresse par des voies qui ne sont pas que philanthropiques (par exemple les GAFAM et la fondation Bill et Melinda Gates).

Les intérêts économiques et financiers divergent fréquemment des besoins sociaux. Par exemple, pour les maladies « négligées », les patients des pays pauvres sont nombreux mais insolvables, et leur marché est trop faible pour mobiliser le système industriel. *Idem* pour les maladies « rares », qui comptent trop peu de patients pour couvrir les frais de la R&D.

La connaissance scientifique devrait être un bien public mondial. Ce statut est mis à mal lorsqu'elle est couverte par le secret ou les brevets dans les domaines militaires et industriels. L'absence de partage des brevets dans les pandémies (sida et Covid-19) et dans la crise environnementale en fournit un triste exemple. De plus, phénomène méconnu, la démographie

1. Jeu dans lequel les États-Unis sont gagnants et l'Europe à la traîne. Faute de mutualisation suffisante, ces entreprises innovantes sont souvent rachetées avant d'avoir atteint la taille mondiale profitable.

des chercheurs galope, et leur « société » se complexifie[1]. Plus abondante et diversifiée, la connaissance est plus difficile à partager entre les chercheurs.

Mais aussi avec le public, et cela est grave.

La recherche et l'innovation engendrent de lourdes responsabilités qui nous concernent tous et pas seulement les scientifiques. Il est essentiel que la société civile et le monde de la recherche se rapprochent. C'est un enjeu de démocratie majeur. Il faut donc veiller à la fois à l'équilibre des financements de la recherche fondamentale et au partage des connaissances qui en sont issues.

Il existe, au-delà des financements, une communauté de pensée, de valeurs et d'engagement entre les chercheurs et ceux qui donnent de leur temps, de leurs compétences ou de leur argent. Cultivons-la !

Religions

■ Yolande COHEN
Membre de la Société royale du Canada
et professeure titulaire, département d'histoire

Pour Durkheim, la religion est « un système solidaire de croyances et de pratiques relatives à des choses sacrées » et la fonction de ces croyances et pratiques est « d'unir en une même communauté morale, appelée Église, tous ceux qui y adhèrent ». La force morale qui est l'âme de la religion est aussi une force collective. Cette dimension religieuse est omniprésente dans les sociétés humaines, que ce soit sous forme de production de sacré ou de lien social.

1. En raison notamment du rattrapage des pays émergents.

Ces dimensions religieuses sont présentes dans la philanthropie, qui tire aussi sa force morale de la pratique de la charité, ou *caritas*, même si désormais la terminologie proprement religieuse de la charité a été effacée au profit des notions sécularisées du *care*, du bénévolat, du don, de la solidarité, etc. Dorénavant, comme le montre le sociologue américain Paul Lichterman, la participation à une institution religieuse (églises, synagogues, mosquées) s'explique souvent moins par l'adhésion à un système de croyances religieuses que par l'intégration à des groupes, souvent des organisations philanthropiques, qui offrent à leurs membres une identité, un accès à des réseaux et aussi divers avantages matériels (nourriture et vêtements, accès à des services de garde et écoles, etc.).

Des organisations philanthropiques, fondées par les grandes religions révélées que sont le judaïsme, le christianisme et l'islam, préconisent chacune une version de la charité, qui se décline comme une obligation, une façon d'être au monde, une pratique de rédemption et d'entraide qui lient les croyants entre eux et avec leur Dieu. Ces religions professent à des degrés divers une forme de redistribution des richesses par le don (en argent, en nature ou en temps) aux plus démunis et plus vulnérables. Dans ce système le plus souvent fermé et corporatiste, la circulation se fait de haut en bas, le don instaurant une forme de dépendance de ceux et celles qui reçoivent à l'égard de ceux et celles qui donnent. Cette forme d'organisation hiérarchique et paternaliste a longtemps été le modèle dominant des philanthropies.

Toutefois, on assiste aussi, au début du XXe siècle, au déploiement d'organisations philanthropiques, certes encore reliées aux églises mais qui s'en sont rapidement dissociées. C'est le cas de nombreux regroupements féministes qui, voulant souvent contester ou circonvenir leur exclusion de l'arène politique et partisane, se sont emparés du modèle d'association philanthropique pour faire valoir leurs revendications et affirmer leurs droits, tout en s'inscrivant dans la perspective de la fonction féminine du *care* qui leur avait été assignée. Par exemple, le Conseil national des femmes françaises, une des premières organisations féministes françaises fondée en 1905, est une association philanthropique de femmes protestantes et juives souvent issues ou associées aux milieux bourgeois, qui se positionne pour le suffrage des femmes et revendique des droits égaux. Ici le rapport à la religion est nominal, puisque ces femmes juives et protestantes refusent les clivages confessionnels pour affirmer leur attachement à la laïcité et à la République. L'association philanthropique leur permet tout à la fois de se retrouver dans une organisation laïque, d'affirmation de leur solidarité féministe, dans une perspective de *care*, largement dictée par leurs origines confessionnelles. Si les philanthropies étaient au début XXe siècle européen le visage séculier de la religion, il en va autrement à la fin du XXe siècle, où la religion s'efface derrière les philanthropies, qui se présentent désormais comme une forme de religion civile. On a vu se multiplier les grandes fondations créées par de riches businessmen et businesswomen et la mise en place de grandes opérations de collecte de fonds fortement médiatisées avec la participation de stars du monde du spectacle, du sport, y compris sur le plan international, par exemple pour l'aide humanitaire. En ce sens, et malgré les dérives marchandes du don, l'action philanthropique, reconnue comme un bien commun (et à ce titre largement subventionnée), ne se réfère plus à la religion autrement que par la compassion, source de lien social et de *care*.

S

Santé

■ Dr Claire Georges-Tarragano
Responsable de la permanence d'accès
aux soins de santé (PASS) de l'hôpital Saint-Louis
et présidente de l'association L'Humain au cœur du soin

Les constats sont aujourd'hui largement partagés d'une crise multiforme de notre système de santé : augmentation des demandes, surcharge des services hospitaliers, difficultés de recrutement, etc.

L'évaluation et la valorisation essentiellement quantitatives des soins qui ont prévalu ces dernières années (nombre d'actes effectués, durée d'hospitalisation, etc.) ne sont pas négatives en soi mais réduisent considérablement la prise en compte de la dimension humaine, qui contribue pourtant évidemment à la qualité des soins.

Financiariser le soin, c'est faire plus, souvent avec moins…, une injonction paradoxale à laquelle sont confrontés de nombreux professionnels de la santé, et qui contribue grandement à la crise d'attractivité des métiers du soin, en particulier à l'hôpital. Elle contribue aussi à l'individualisme et à la concurrence là où devraient prévaloir la complémentarité et la collaboration.

Augmenter l'activité, c'est aussi réduire le temps du soin et particulièrement le temps de l'humain. Cela réduit ce temps essentiel, le temps de la relation de soin, le temps d'écoute du patient. Cela réduit également le temps des relations inter-individuelles, comme celui des transmissions infirmières, mais aussi celui des temps d'échanges informels, pourtant si essentiels.

Si ces injonctions paradoxales apparaissent particulièrement dans les activités où la dimension humaine est très présente, comme la gériatrie ou les soins palliatifs, tous les services y sont confrontés, ce qui entraîne une perte de sens dans le travail…

Même s'il est difficile de rendre compte de la qualité des soins avec des chiffres, de nombreuses études ont pourtant démontré qu'une approche collaborative et décloisonnée du soin avait un impact sur l'efficacité des prises en charge et sur la qualité de vie au travail des soignants.

C'est une approche que nous expérimentons depuis près de vingt ans au sein de la permanence d'accès aux soins de santé (PASS) de l'hôpital Saint-Louis, un espace qui regroupe des professionnels de champs variés (médecins, assistantes sociales, infirmières, psychologues…). La PASS propose des consultations de soins primaires à tout patient en situation de précarité ayant des difficultés d'accès aux soins (personnes sans-abri, migrantes, sans prise en charge sociale ou ayant des problèmes psychologiques). Cette équipe pluriprofessionnelle est très engagée et nourrie par cette approche collaborative.

Cette approche est aussi au cœur de la mission de l'association L'Humain au cœur du soin qui rassemble des personnes aux profils variés, dont des professionnels de l'hôpital et des chercheurs en sciences sociales et humaines, convaincus de la nécessité de permettre aux professionnels de donner la pleine mesure de leurs capacités en valorisant la sagesse pratique, la capacité de réflexion, de contextualisation, l'intelligence émotionnelle et relationnelle, au service d'un juste soin et d'une juste utilisation de ressources limitées.

Valoriser la part essentielle de l'humain dans le soin, c'est non seulement redonner de l'élan vital à un système à bout de souffle, mais aussi proposer un modèle plus efficace socialement et économiquement.

Puisque l'humain est un besoin essentiel insuffisamment valorisé par les modalités d'évaluation actuelles, il est indispensable de trouver de nouvelles voies pour le faire. Des réflexions qui irriguent le milieu associatif depuis de nombreuses années. En cela, la philanthropie peut accompagner l'hôpital public et nourrir sa réflexion sur de nouveaux modes d'évaluation pour prendre en compte la dimension humaine et donner une chance de guérison à notre système de santé.

Le soin est une philanthropie, la philanthropie est un soin.

Sens

▪ Nicolas Bordas
Vice-président international de TBWA\Worldwide
et professeur affilié à Sciences-Po Paris

Le sens, dans son acception première, renvoie à la faculté de percevoir par les organes sensoriels, ou à la signification linguistique d'un mot. Mais, de façon bien plus profonde, le sens désigne la signification, la direction et la cohérence que l'on choisit de donner à sa propre vie. Trouver un sens à son existence est un défi philosophique et existentiel primordial, qui traverse les époques et les cultures. Chacun tente d'y répondre à sa manière. La quête de sens est consubstantielle à la nature humaine et à son désir métaphysique. Elle est ce qui nous distingue en tant qu'êtres pensants.

Pour les philosophes existentialistes comme Jean-Paul Sartre, l'homme est d'abord une liberté qui choisit le sens qu'il entend donner à son existence : « L'homme est condamné à être libre. Condamné, parce qu'il ne s'est pas créé lui-même, et par ailleurs cependant libre, parce qu'une fois jeté dans le monde, il est responsable de tout ce qu'il fait. » Ainsi, le sens ne préexiste pas à notre venue au monde, il nous appartient de le créer par nos actes et nos choix. Albert Camus estimait que « la vraie générosité envers l'avenir consiste à tout donner au présent » : l'engagement total dans l'action juste et généreuse permet de donner sens à notre passage sur terre. Donner de son temps et de son énergie à des causes qui nous dépassent est une façon de trouver un sens à son existence.

Cette quête existentielle de sens semble plus présente et cruciale que jamais au XXIe siècle. Selon une étude de l'institut IFOP menée en 2019, pas moins de 38 % des Français déclarent se sentir en quête de sens dans leur vie. Aux États-Unis, ils sont 48 % dans ce cas d'après le Pew Research Center en 2021. Dans un monde de plus en plus complexe, fluctuant et imprévisible, se raccrocher à une signification qui structure notre existence et lui donne une cohérence devient de plus en plus vital. Comme l'écrivait Platon, « une vie sans examen ne mérite pas d'être vécue ». Se questionner sur le sens que l'on souhaite donner à son passage sur terre apparaît indispensable pour se réaliser pleinement en tant qu'être humain. Cet examen de conscience est nourri par le langage, la lecture, la contemplation, le dialogue avec autrui... L'éducation et la transmission de valeurs humanistes jouent également un rôle essentiel pour aider chacun à définir son propre sens.

La philanthropie se présente comme une voie naturelle pour trouver un sens à sa vie. Le sens inspire l'action. Il représente une force intérieure qui pousse à se dépasser pour le bien commun. Lorsque l'on parvient à allier ses talents personnels et sa vocation profonde à une cause altruiste qui nous dépasse, on accède bien souvent à un puissant sentiment de sens. S'engager pour autrui, participer à l'amélioration de la société, lutter contre les exclusions : la philanthropie offre ces opportunités d'engagement.

Donner un sens à sa vie présente à la fois un intérêt individuel et collectif. Sur le plan personnel, cela procure un sentiment d'accomplissement et de réalisation de soi. Sur le plan collectif, les personnes animées par un sens profond sont souvent des moteurs de progrès et d'innovation. Elles insufflent leur énergie créatrice et leur générosité dans des projets utiles au bien de l'humanité. Le sens est ce qui nous relie intimement à l'aventure collective de l'espèce humaine. Que ce soit à travers la philanthropie ou tout autre engagement humaniste, donner un sens à sa vie permet de se réaliser soi-même tout en contribuant à l'amélioration du monde.

Solidarité

« La fraternité n'est qu'une idée humaine, la solidarité est une idée universelle.
Le propre de la solidarité, c'est de ne point admettre l'exclusion. »
Victor Hugo

■ **Dominique Versini**
Cofondatrice du Samu social de Paris (1993-2002), secrétaire d'État chargée de la Lutte contre la précarité et l'exclusion (2002-2004), conseillère d'État, défenseure des enfants (2006-2011) et adjointe à la maire de Paris chargée des droits de l'enfant et de la protection de l'enfance

Ma définition de la solidarité est liée à ma vision personnelle de l'engagement envers les personnes les plus démunies dans un pays comme la France où l'État assure une politique de redistribution conséquente à partir des impôts et des cotisations, tout en prévoyant une partie assistancielle pour les plus exclus qui n'ont pas de travail ou qui vivent de petits boulots et qui, dans les situations les plus extrêmes, n'ont pas d'autre solution que la rue. Pour les 9,1 millions de personnes qui vivent en dessous du seuil de pauvreté en France[1], les aides de l'État ne suffisent pas et la solidarité est incarnée par des associations caritatives comme le Secours catholique, né en 1946 d'une décision de l'Assemblée des cardinaux et archevêques de France pour venir au secours des plus démunis après

1. Étude de l'Insee sur les inégalités et la pauvreté en France en 2021, parue le 14 novembre 2023.

les ravages de la guerre, ou le Secours populaire, enfant de la Résistance et héritier de mouvements populaires, créé en 1945 pour développer les vacances des enfants qui ne partent jamais, leur permettre d'avoir des cadeaux de Noël et pour soutenir les personnes âgées isolées. D'autres grandes associations ont été créées par des personnalités charismatiques qui ont fortement alerté l'opinion publique sur les conséquences désastreuses de la grande pauvreté : l'abbé Pierre, fondateur d'Emmaüs, qui lança le 1er février 1954 un appel à l'insurrection de la bonté à la suite de la mort d'une femme boulevard Sébastopol (Paris) et le père Joseph Wresinski, qui dénonça en juillet 1956 les conditions dans lesquelles des familles avec enfants vivaient dans des conditions de misère et d'isolement extrêmes dans le camp de Noisy-le-Grand et créa avec elles l'association Aide à toute détresse ; ils sont bientôt rejoints par de nombreux volontaires qui choisissent de vivre à leurs côtés. ATD Quart-Monde est né de ce formidable élan de solidarité. Dans les années plus récentes, durant l'hiver 1985-1986, Coluche a lancé avec le talent qu'on lui connaît Les Restos du Cœur qui sont devenus une institution indispensable sur tout le territoire dans un contexte de crise économique et de flux migratoires particulièrement importants depuis 2015. Ces associations et de nombreuses autres que je ne peux pas citer pallient l'impossibilité pour l'État de répondre à toutes les souffrances et font vivre la solidarité grâce à l'engagement sans faille des 16 millions de bénévoles qui ne comptent pas leur temps pour distribuer des repas, accompagner les familles dans leurs démarches administratives, aider les enfants à faire leurs devoirs… À côté de toutes ces énergies humaines qui incarnent la fraternité de notre devise républicaine, les associations peuvent compter sur les fondations, les fondations d'entreprise, familiales, et fonds de dotation qui apportent leur pierre à l'édifice de la solidarité en soutenant des actions ou causes souvent liées à leur objet social. L'exemple, parmi mille autres, des centres de beauté et de bien-être pour les femmes à la rue, créés par un groupe mondial leader de cosmétique avec Emmaüs solidarité, est la preuve que la philanthropie peut être un booster de solidarité qui donne du sens aux salariés de l'entreprise et contribue à la réappropriation de leur image par des femmes que la rue concourt à abîmer jour après jour. Et je veux citer aussi tous ces citoyens qui n'appartiennent ni à une association ni à une église mais qui, touchés par la présence de familles avec enfants dormant à la rue par des nuits d'hiver, les accueillent chez eux sans contrepartie aucune. Ils leur ouvrent leurs portes parce qu'ils estiment que c'est un devoir d'humanité. C'est cela pour moi la philanthropie : l'amour de l'Autre et le respect de l'humain.

Subvention

▪ Marc Dixneuf
Directeur général d'Aides
▪ Richard Odier
Trésorier de France générosités

« Ce que nous faisons pour nous-mêmes meurt avec nous. Ce que nous faisons pour les autres et le monde reste et est immortel. » Cette belle formule énoncée par Albert Paine, un des fondateurs du prix littéraire Pulitzer, exprime clairement ce lien entre des porteurs de projets et des financeurs, entre des philanthropes et des associations.

Les subventions que nous recevons sont des fonds alloués à des projets ou programmes particuliers pensés et imaginés par des militants de diverses causes, tournées vers la générosité et l'amélioration d'un sort collectif. Elles revêtent une importance capitale car elles procurent, aux associations et fondations, la flexibilité nécessaire pour mettre en œuvre des initiatives ciblées et adaptées aux besoins spécifiques de leurs bénéficiaires. Chaque subvention que nous recevons est soigneusement affectée à des domaines clés de nos opérations, comme financer de la recherche, soutenir « la veuve et l'orphelin », construire des écoles ou des hôpitaux, favoriser la lecture, protéger notre planète.

La distinction entre « aides » et « subventions » réside souvent, pour les professionnels de la générosité, dans la nature des fonds et les conditions qui les entourent. Les subventions sont entendues comme des fonds octroyés par des organismes gouvernementaux, des fondations, des entreprises ou d'autres partenaires institutionnels, avec des critères et des objectifs spécifiques. Ces fonds sont souvent alloués pour des projets particuliers et nécessitent généralement un suivi rigoureux pour garantir leur utilisation conforme aux conventions et accords établis.

Subventionner, c'est encourager entre les acteurs des partenariats afin de remplir des objectifs, où les parties vont chercher à optimiser l'impact social, économique, environnemental, et pour lesquels la transparence entre les acteurs est indispensable tant dans l'utilisation des fonds que dans les critères de choix des actions.

Aspect essentiel pour les associations dans leur financement, c'est aussi un élément chronophage et technique pour chacun des projets imaginés et portés. La recherche de fonds est devenue un métier à part tellement les structures proposant du financement sont diverses dans leur forme juridique, dans leurs attentes, dans leurs formats et contraintes, mais aussi dans les pays et langues concernés.

Les associations caritatives fonctionnent pour la plupart sur deux temporalités, l'urgence et le long terme pour résoudre des injustices : recherche médicale, logements d'urgence, établissements médicaux… Dans notre écosystème, les subventions et les accords passés avec les partenaires nous permettent de penser un avenir et de nous essayer à trouver des solutions pérennes.

Nous sommes des activistes, des rêveurs, mais aussi d'incorrigibles optimistes tournés vers la vie, c'est pourquoi nous avons espoir dans un futur et sollicitons des subventions pour achever nos espérances.

La subvention, c'est aussi un outil de pouvoir pour celui ou celle, le bailleur, qui en définit les objectifs, sélectionne l'organisation qui va la recevoir. Alors les bailleurs doivent aussi envisager l'avenir avec optimisme, savoir laisser les idées nouvelles, bancales parfois, naître et se développer, savoir soutenir des actions hors des clous de la morale, de la routine, des chemins convenus, parce que ces actions servent le bien commun. La subvention est un flux financier, une forme particulière de ce qui fait société. Nécessairement soumis à un contrôle exigeant, ce lien ne doit pour autant pas devenir la laisse sur laquelle il serait loisible de tirer pour des motifs partisans, éloignés du bien commun.

T

Transmission

▪ Sylvie ANGEL
Psychiatre
▪ Pierre ANGEL
Psychiatre

La philanthropie représente un des vecteurs de transmission des valeurs des parents et des grands-parents.

En tant que psychiatres et thérapeutes familiaux, nous avons constaté plusieurs facteurs pathogènes dans les dynamiques familiales : confusion des générations, consumérisme galopant, vision à court terme, absence d'une vision du monde par les adultes qui donne envie aux enfants de grandir, de s'engager…

Le règne du tout, tout de suite que l'on connaît depuis des décennies, l'intolérance à la frustration, l'absence du souci de l'autre, le culte de la performance, le primat de l'avoir sur l'être sont à l'opposé de l'essence de la philanthropie.

C'est pour ces raisons que la philanthropie a une place essentielle dans notre société qui tend vers un individualisme forcené. La transmission familiale peut jouer un rôle clé dans la philanthropie en inculquant les valeurs de partage et de responsabilité sociale aux générations suivantes. Les familles qui souhaitent s'engager dans la philanthropie peuvent élaborer des stratégies pour impliquer tous les membres de la famille et définir des objectifs philanthropiques communs.

Il est important de prendre le temps de réfléchir à la manière dont on souhaite transmettre ses valeurs et son engagement philanthropique aux générations suivantes.

Au cours de discussions familiales, on peut faciliter l'implication des enfants et petits-enfants dans des projets philanthropiques et ainsi partager régulièrement ses motivations et ses réalisations dans le domaine de la philanthropie.

Cependant, il convient d'adapter l'approche en fonction des particularités de chaque famille. Certains optent pour des structures plus formelles telles que des fondations familiales, tandis que d'autres privilégient des approches plus informelles et individuelles.

Désintéressement, souci des autres, altruisme, ces valeurs peuvent être enseignées, apprises à travers des gestes simples.

Comment incarner cet esprit philanthropique avec pragmatisme ?

Emmener les jeunes sur le terrain, organiser des rencontres entre donateurs et bénéficiaires, donner de l'argent pour une cause nationale, subventionner les études de jeunes défavorisés, donner de son temps pour accompagner des personnes âgées, nettoyer les plages par souci de l'avenir de notre planète…

La philanthropie est un outil d'intégration transgénérationnelle qui resserre les liens familiaux autour d'objectifs choisis collectivement.

De plus, un engagement philanthropique favorise chez les jeunes l'acquisition de compétences nouvelles, l'exercice de la prise de décision tout en s'appropriant certaines des valeurs de la famille.

La transmission familiale de la philanthropie aide également à inculquer des valeurs d'altruisme et de générosité aux membres de la famille en les sensibilisant aux besoins de la société.

Cela contribue à former des citoyens solidaires et engagés, conscients de leur rôle pour aider les moins fortunés.

En fin de compte, la transmission familiale et la philanthropie sont des sujets interconnectés et chaque famille peut adopter l'approche qui lui convient le mieux.

■ Florence Lustman
Présidente de France Assureurs

La transmission est ce qui permet à toute communauté, quelle que soit sa taille ou son échelle, de perdurer et de se renouveler en s'ouvrant à l'avenir. Par définition, elle recouvre l'ensemble des processus qui consistent à « faire passer » et à diffuser des éléments de nature biologique, immatérielle ou matérielle entre des personnes. Biologique car au fondement de toute communauté humaine se trouve l'acte de transmission de la vie sans lequel nous disparaîtrions. Immatérielle car anthropologues et sociologues soulignent le rôle clé du langage, des connaissances, des normes, rituels, pratiques et valeurs qui se transmettent au sein d'une société, d'un groupe social ou d'une famille. Matérielle car les terres agricoles, biens immobiliers ou mobiliers, sociétés, actifs financiers et comptes épargne font également l'objet de transmission.

Les transmissions matérielles et immatérielles sont souvent intimement liées. Transmettre sa maison à ses enfants, c'est aussi leur transmettre une histoire familiale et des souvenirs partagés. Transmettre une terre, c'est aussi transmettre un attachement à un territoire, manifester un ancrage dans des racines. Transmettre son entreprise à son enfant contribue à lui transmettre une vocation professionnelle ; la transmettre à ses salariés permet d'assurer la continuité de l'activité et de contribuer à la préservation de compétences et de savoir-faire dans la durée.

La transmission permet une continuité mais aussi un renouvellement et une transformation : on ne transmet pas à l'identique. Ce qui s'échange a vocation à se transformer et notamment à l'être par les bénéficiaires de la transmission. C'est ainsi que notre présent se conjugue à l'avenir !

L'assurance-vie peut également permettre aux épargnants, si tel est leur choix, de concilier transmission matérielle et transmission de valeurs de l'échelle individuelle au bénéfice de grandes causes. Les bénéficiaires des contrats d'assurance-vie peuvent être des personnes physiques, membres ou non de la famille du souscripteur, mais aussi des personnes morales. Des organismes à but non lucratif peuvent ainsi être désignés dans une démarche de philanthropie ou de soutien à une cause : associations, fondations, organisations non gouvernementales… Transmettre son épargne à un organisme œuvrant en faveur des personnes démunies ou étant engagé dans la défense des droits humains ou de l'environnement, par exemple, c'est faire en sorte que ses valeurs et ses convictions continuent à être incarnées dans l'action par-delà sa propre fin.

Si la transmission peut avoir lieu entre pairs ou au sein d'une fratrie, elle s'effectue souvent vers les générations futures. Aussi, transmettre implique une responsabilité de celui qui transmet : nous devons être vigilants quant à ce que nous transmettons aux générations futures. En tant qu'investisseurs à long terme et acteurs majeurs du financement de l'économie, les assureurs jouent un rôle clé pour soutenir une croissance durable permettant d'accélérer la transition vers une économie bas carbone. C'est pourquoi ils augmentent progressivement leurs placements verts tout en poursuivant leur désinvestissement des énergies fossiles.

Les assureurs sont pleinement mobilisés pour accompagner et favoriser la transmission.

Transparence

▪ Isabelle GOUGENHEIM
Membre d'honneur de l'Institut IDEAS

« Transparence »... un mot qui est sorti de son domaine, celui du verre, de la matière, pour envahir celui de la vie professionnelle, avec une prédilection pour la vie politique, les institutions, l'entreprise et enfin le secteur non lucratif.

Une recherche rapide montre que la « transparence » est très généralement mise en avant dans la présentation des organismes sans but lucratif sur un mode défensif, avec un biais qui conduit d'emblée les associations et fondations à vouloir se justifier, mais se justifier de quoi ? Bien sûr, chacun proclame que « tout l'argent va au projet, il n'y a aucun frais de structure, pas de locaux ni d'informatique, et tout le monde est entièrement bénévole », comme pour prévenir le soupçon que les ressources pourraient être utilisées pour financer autre chose que la mission.

Mais il n'y a rien de honteux à investir sur les frais de structure, bien au contraire, et si en France on cherche à minimiser le pourcentage de ces charges fixes, dans d'autres pays n'est pas prise au sérieux une association qui ne consacrerait pas suffisamment de moyens à s'organiser. Cette vision restrictive a pour corollaire malheureux que les financeurs négligent également de soutenir la qualité de l'organisation, pourtant essentielle.

Démontrer sa transparence, c'est aujourd'hui affirmer haut et fort que « tous les dons sont affectés aux projets », avec des explications plus ou moins précises sur l'éventuelle prise en charge par des partenaires ou mécènes des frais de structure, de fonctionnement et de personnel, comme si ces dépenses ne pouvaient être envisagées objectivement… et en toute transparence.

Pour revenir aux fondamentaux, et avec un peu plus de sérénité, la transparence, c'est avant tout rendre accessible l'information, communiquer ouvertement, en interne et vers l'extérieur, rendre compte d'une activité, suivre l'avancement des projets, informer et impliquer ses parties prenantes et, le cas échéant, reconnaître ses erreurs.

Certaines obligations existent, comme l'intervention d'un commissaire aux comptes et le dépôt des comptes pour les associations et fondations percevant plus de 153 000 euros de dons ou de subventions, et pour tous les fonds de dotation, constitués à partir de 15 000 euros. Il faut y ajouter la multiplicité des missions de contrôle, émanant de la Cour des comptes et des corps d'inspection, ainsi que de tous les bailleurs publics ou privés.

Cette attention extrême portée de tous côtés aux frais de fonctionnement, perçus comme une ombre sur la transparence, apporte tout autant d'effets positifs que de contraintes et entraîne des effets induits aux conséquences diverses.

Le renforcement des réglementations, dans le souci de protéger les donateurs – à mettre en miroir avec les dispositifs de protection du consommateur –, se traduit par une évolution incessante des règles, et donc des contrôles qui leur sont associés.

La diversité des sources d'élaboration de ces règles ne semble pas être coordonnée en amont par les différentes instances publiques, et ce sont finalement les organismes non lucratifs qui se trouvent chargés de répondre à ces injonctions parfois contradictoires, les objectifs étant variables.

Ainsi, le nouveau règlement comptable associatif, ANC 2018-06, publié en 2019, qui n'avait pas véritablement retenu l'attention des politiques publiques a conduit, entre autres, à renforcer la mesure de l'apport fourni par les bénévoles en faisant peser sur cette importante population (évaluée à plusieurs millions de personnes) la charge de la preuve, à savoir la mesure très précise, détaillée et exacte, des heures passées à fournir ce « travail » bénévole.

Cet exemple concret illustre la contradiction entre une politique publique de promotion de l'engagement et une mesure qui impose un *reporting* contraignant aux bénévoles qui ont choisi de s'engager « sans compter ».

Cette exigence et les contrôles qui s'ensuivent sont très difficiles à expliquer à des personnes qui pensaient trouver dans le secteur non marchand un cadre différent de leur vie professionnelle, actuelle ou antérieure, ce qui peut avoir un effet dissuasif et à tout le moins démobilisateur.

Simultanément, l'apparition de nombreuses contraintes liées à l'évaluation et à la mesure de l'efficacité, de l'« impact », pèse de plus en plus lourdement sur les associations sans considération de leurs moyens, ni du respect du fameux ratio entre les frais de structure et le budget global.

On peut également prendre pour exemples les exigences et la complexité de la réponse aux appels à projets, de collectivités, de fondations redistributrices et, bien sûr, des instances européennes, particulièrement complexes. En un peu plus d'une dizaine d'années, on a assisté au passage d'un modèle de subvention dominant à ce modèle d'appel à projets, qui est désormais celui de tous les bailleurs, publics et privés, et qui se révèle une charge très lourde pour toutes les associations, jusqu'à avoir pour effet de contraindre leur projet associatif.

À souligner cependant les efforts régulièrement faits par l'État pour simplifier les démarches et les accompagner, ou par des sites ressources comme, entre autres, Admical, CFF, IDEAS ou France générosités.

Aux acteurs de la philanthropie de convaincre que la transparence doit s'interpréter de façon positive, dans une approche globale, et qui permet d'appréhender de façon simple la cohérence entre un projet bien défini, la vision, la mission et les valeurs de l'organisme, pour un soutien éclairé et durable.

Tsédaka

■ Dan Arbib
Enseigne au département de philosophie
de l'École normale supérieure

Tsédaka, qu'on traduit ordinairement par « charité », dérive de *tsédek*, « justice » : nous voici d'emblée invités à penser au-delà de la distinction entre justice et charité. Les traductions anciennes de la première occurrence du mot *tsédaka* dans la Bible (Gn 18,19) ne s'y sont du reste point méprises, qui ont rendu *tsedaka oumichpat* tantôt par δικαιοσύνην καὶ κρίσιν (la Septante), tantôt par *justitiam et iudicium* (la Vulgate), faisant alors étrangement bien plus pencher la *tsédaka* vers la justice que vers la charité. En vérité, ce qu'il s'agit de viser, c'est l'unité de la justice-et-charité, bien avant leur dissociation chrétienne. D'abord parce que l'au-delà de la justice fait partie de la justice même : la justice *stricto sensu* est-elle capable de réaliser l'idéal de justice ? Tant s'en faut. Les textes scripturaires le reconnaissent, qui admettent que « l'indigent ne disparaîtra jamais de ce pays » (Dt 15,11) que les Hébreux s'apprêtent à peupler : qu'est-ce à dire sinon que même l'application précise de la loi divine ne saurait vaincre le mal ? D'où la précision : « il ne doit pas y avoir d'indigent chez toi » (Dt 15,4). C'est que la *tsédaka* s'impose – mais non pas comme autre-que-la-justice, mais comme sa dimension d'achèvement, l'accomplissement de sa promesse. N'est-il pas beau d'ailleurs que cet au-delà s'énonce au féminin, comme si *tsédaka* n'était que la justice – au féminin ? Mais il y a plus, et plus fondamental : la *tsédaka* est justice parce que, en rétablissant les équilibres naturels entre individus factuellement inégaux, elle vise à remettre à chacun ce qui lui revient, et par là à satisfaire la formule, classique depuis Cicéron, de la justice : *suum quisque tribuere* (*De finibus bonorum et malorum*, 5, 67). En effet, la terre – c'est-à-dire la richesse – n'appartient-elle pas à Dieu ? Aussi la *tsédaka* défait-elle le produit du conformisme historique, le résultat brutal des nécessités économiques, en rappelant que « les fruits sont à tous et que la terre n'est à personne » (Jean-Jacques Rousseau), et que le bien n'est bien qu'à être commun. La main tendue défait les fatalités politiques et administratives. Ce n'est pas pour autant dire – et c'est là une troisième raison – que cette main tendue n'obéisse à aucune règle : car il y a des règles de la charité, non seulement au sens où la loi commande la charité, mais au sens où cette charité même se déploie selon la loi et conformément à elle. La *tsédaka* se donne comme un impératif qui incombe à tous, pauvres compris, si paradoxal que paraisse la figure de celui qui, percevant l'aumône d'un côté, la reverse d'un autre ; car n'est-il pas vrai, après tout, que, « quelque pauvre qu'on soit, on laisse toujours quelque chose en mourant » (Pascal), fût-ce une pauvre carcasse corporelle qui est déjà richesse ? D'autre part, le judaïsme ne saurait se satisfaire d'une charité désordonnée, soumise aux aléas du cœur et aux hasards de la bienveillance ; voilà pourquoi Maïmonide hiérarchise huit degrés de *tsédaka* (Michné Torah, lois de la charité, 10, 7-14) qui sont autant de manières de s'y prendre correctement en matière d'assistance à autrui : le plus haut niveau consiste à secourir son prochain en le soustrayant définitivement à la dépendance envers autrui ; faute de quoi on préférera soutenir anonymement un nécessiteux, lui-même anonyme, plutôt que de se dévoiler, afin d'éviter que le don n'établisse quelque dépendance entre donateur et donataire ; et ainsi de suite, jusqu'au don consenti à contrecœur, qui n'est tout de même pas rien. Dira-t-on qu'il n'y a pas un mouvement de charité dans cette règle si précisément observée ? Mais derechef, le judaïsme ne saurait accorder beaucoup à une spiritualité d'états d'âme, toujours flottante et incertaine. Car la *tsédaka*, surmontement de l'opposition entre justice et charité par laquelle le christianisme – et tel est aussi son génie – a configuré le monde, ne nous apparaît-elle pas alors comme le plus typiquement juif ?

▪ Les huit degrés de charité de Maïmonide (1135-1204)

Michné Torah, Lois de la Charité, 10, 7-14

Il y a huit degrés de charité, l'un supérieur à l'autre.

[1] Le plus haut degré, au-dessus duquel il n'en est point d'autre, est de soutenir un Juif qui s'appauvrit en lui faisant un don ou un prêt, ou en s'associant avec lui ou en lui trouvant un travail pour le soutenir jusqu'à ce qu'il ne soit plus dépendant des autres…

[2] Un degré moindre de charité est de donner aux pauvres sans savoir à qui l'on donne et sans que le pauvre sache de qui il reçoit. Car c'est là une mitsva accomplie uniquement pour le Ciel, à l'image du « fond anonyme » qu'il y avait dans le Temple [à Jérusalem]. Là les justes donnaient discrètement et les bons pauvres étaient ainsi entretenus discrètement. Donner à un fonds de charité et similaire à ce mode de charité, bien qu'il ne convient de donner à un fonds de charité que si l'on sait que le responsable de ce fond est digne de confiance, sage et un bon gestionnaire, comme Rabbi 'Hanina ben Téradyone.

[3] Un degré moindre de charité est quand le donateur sait à qui il donne, mais le receveur ne connaît pas son bienfaiteur. Les plus grands sages allaient discrètement glisser de l'argent sous les portes des pauvres. Il est bon et vertueux d'agir ainsi si les personnes responsables de distribuer la charité ne sont pas dignes de confiance.

[4] Un degré moindre de charité est lorsque l'on ne sait pas à qui l'on donne, mais le pauvre sait qui est son bienfaiteur. Les plus grands sages enveloppaient des pièces dans leurs capes et jetaient celle-ci par-derrière, et les pauvres

venaient et y ramassaient les pièces, de sorte qu'ils n'aient pas honte.

[5] Un degré moindre est de donner au pauvre directement dans sa main, mais avant qu'il le demande.

[6] Un degré moindre est de donner au pauvre après qu'il a demandé.

[7] Un degré moindre est de donner moins que ce qu'il convient, mais avec un visage bienveillant.

[8] Un degré moindre est de donner à contrecœur.

U

Utilité publique

▪ Isabelle Gougenheim
Membre d'honneur de l'Institut IDEAS

La reconnaissance « d'utilité publique », dite « RUP », est le terme un peu désuet qui constitue le point d'aboutissement d'un parcours qui se veut protecteur de l'intérêt général, mais peut-être un peu déroutant et… trop long.

Ça commence très simplement : pour être reconnue d'utilité publique, une association doit remplir cinq conditions clairement énumérées par le Conseil d'État, résumées comme suit :

- Avoir un objet d'intérêt général, ce qui renvoie déjà à trois conditions cumulatives (absence d'activité lucrative, caractère désintéressé de la gestion désintéressée, action non réservée à un cercle restreint de personnes).
- Avoir une influence et un rayonnement qui dépassent le cadre local, et au moins deux cents adhérents, une activité effective et une réelle vie associative.
- Avoir un fonctionnement démocratique et organisé par des statuts, conformes à des statuts types établis par le Conseil d'État.
- Avoir des finances solides afin d'assurer la pérennité de son action.
- Disposer d'une certaine ancienneté, à savoir au moins trois ans.

Depuis la loi du 24 août 2021, dite « loi séparatisme », une association ne peut être reconnue d'utilité publique si elle ne respecte pas les principes du contrat d'engagement républicain (CER).

La suite est un peu plus complexe, puisqu'il faut saisir le ministère de l'Intérieur et fournir un dossier comportant huit pièces certifiées sincères et véritables très précisément définies par le décret du 16 août 1901, parfois composées elles-mêmes de documents multiples.

Pour procéder à l'instruction de la demande, le bureau du ministère, dépendant de la sous-direction des libertés publiques, va réunir plusieurs avis : celui du conseil municipal de la commune du siège du demandeur, celui du ou des ministères concernés par son activité, le cas échéant demander un rapport au préfet, avant de saisir, pour avis, la section de l'intérieur du Conseil d'État, avis qui est généralement suivi.

La reconnaissance est accordée par décret en Conseil d'État, sans limitation de durée. Le retrait de la reconnaissance d'utilité publique est effectué dans les mêmes formes.

Depuis 2017, le Conseil d'État a mis en place une nouvelle procédure pour accélérer l'examen des demandes, désormais traitées pour plus des deux tiers en moins de deux mois, ce qui a également permis de réduire significativement les dossiers en attente.

L'ensemble du parcours reste néanmoins très long et s'effectue principalement par écrit, certes sous forme dématérialisée, mais sans véritable possibilité de dialogue ni d'échange contradictoire, ce qui ne permet pas de prise en compte des spécificités du demandeur, ni de ses perspectives d'évolution et ce qui peut sembler contraire aux principes procéduraux fondamentaux.

De l'avis des différentes parties prenantes, ce dispositif pourrait être amélioré pour plus d'efficacité, à commencer par une meilleure adéquation des moyens des services concernés, très sollicités dans la phase d'instruction comme de suivi administratif. Il existe en effet une série d'obligations dont le formalisme s'avère très contraignant. Ainsi, toute évolution ou modification des statuts ou du règlement intérieur doit être transmise pour validation, ce qui constitue un facteur de rigidité considérable. De même doivent être déclarés tous changements administratifs, qu'il s'agisse des personnes (nouveaux dirigeants) ou de l'organisation (nouveau siège, nouvel établissement, etc.). Le formalisme est le même, quelle que soit la nature des modifications ou changements, sans aucune appréciation de leur importance par rapport à l'utilité publique déjà reconnue.

En revanche, malgré la lourdeur de la procédure d'obtention de la reconnaissance d'utilité publique et de ces exigences formelles, il apparaît que l'administration n'est pas réellement en mesure de veiller à la pertinence du maintien de cette reconnaissance, et les différents outils d'analyse et de contrôle qui se sont développés poursuivent des objectifs différents, qu'ils émanent de la Cour des comptes ou des corps d'inspection des différents ministères, voire de collectivités publiques.

Ces constats récurrents font état de l'inadéquation entre un dispositif très lourd et ingrat, pour les deux parties, et finalement de moins en moins adaptés aux objectifs poursuivis.

Dans ce contexte, la Coordination générosité s'est récemment mobilisée pour identifier les limites actuelles et faire des propositions qui ont été transmises et rendues publiques au dernier trimestre 2023.

Le constat général fait regretter une approche très formaliste, ne permettant pas la prise en compte des caractéristiques spécifiques des associations et des fondations, ni de leur évolution notamment par une reproduction stricte des statuts types.

En ce qui concerne les associations, le nombre d'adhérents pourrait être apprécié de façon adaptée à l'activité de l'organisation, de même la proportion des subventions publiques dans leurs ressources.

En ce qui concerne les fondations, qui doivent respecter d'autres critères (notamment d'indépendance par rapport aux fondateurs), se posent principalement la question du montant de la dotation initiale, actuellement de 1,5 million d'euros, qui pourrait être déterminé de façon évolutive, et celle de l'organisation de la gouvernance : place du ou des fondateurs, clarification du rôle de l'État, qu'il s'agisse des membres de droit ou des commissaires du gouvernement.

D'une façon plus globale, et sans remettre en cause la place de l'État dans un système de régulation clair destiné à favoriser les acteurs de la philanthropie au bénéfice de l'intérêt général et d'une plus grande transparence, les éléments d'un dialogue constructif sont désormais partagés pour construire une politique publique plus dynamique et mieux adaptée aux enjeux et exigences de notre société[1].

1. On se reportera utilement aux sources suivantes : « Refonder la reconnaissance d'utilité publique », article de Yannick Blanc dans la revue *Jurisassociations* n° 61 ; https://www.conseil-etat.fr/publications-colloques/etudes/recueils-de-jurisprudence-associations-et-fondations-arup-frup ; https://www.francegenerosites.org/reconnaissance-dutilite-publique-des-evolutions-a-venir/.

Utopie

▪ Bruno Morel
Responsable associatif

Pays idéal imaginaire, l'Eldorado de Candide est la traduction d'une utopie : une escale dans une société idéale, à la suite du parcours d'horreur que subit le héros.

Par-delà l'ironie de Voltaire quant à un territoire chimérique au sein duquel les problèmes seraient miraculeusement devenus inexistants grâce à la meilleure forme de gouvernement, comment aujourd'hui décliner dans l'actualité sociale cette utopie avec une démarche philanthropique ?

Faisons donc un rêve au moment où notre société rejette certaines personnes vulnérables, en opposant, faute de solutions à hauteur de besoins croissants, les précarités pour décider des prises en charge sociales : SDF prioritairement hébergés contre migrant(e)s laissé(e)s-pour-compte, migrant(e)s humanitaires bénéficiaires d'un statut particulier avec des aides associées (arrivé[e]s d'Afghanistan en août 2022 ou d'Ukraine fin février 2023) contre migrant(e)s oubliés dans les campements, familles accueillies dans les structures contre célibataires exclus, voire, pour les familles à la rue, nourrissons contre enfants, avec des hébergements débloqués en fonction des âges.

N'est-il pas enfin temps de déclarer la lutte contre toutes les formes de pauvreté, une grande cause nationale, en mobilisant les citoyens sur le soutien aux personnes déshéritées, quels que soient leurs parcours ou origines ?

À titre d'exemples :

Arrêtons de détourner notre regard des personnes, dont de trop nombreuses familles, campant, faute de solution, sur les trottoirs de nos villes. Face à la situation insoutenable de trois mille enfants à la rue recensés à l'été 2023 par l'Unicef et la Fédération des acteurs de la solidarité, des démarches utopiques ont heureusement vu le jour : des enseignants qui ont remanié des classes en hébergements, des écoles désaffectées qui ont été transformées par des élus en centres d'urgence, des parlementaires qui ont ouvert leur permanence aux familles sans solution, des places supplémentaires enfin débloquées par l'État à la demande des associations…

Au rebours de la nouvelle loi immigration qui rejette et risque de faire basculer dans la précarité des milliers de personnes, il serait préférable d'accueillir dignement des personnes qui fuient des situations politiques, économiques, sociales ou climatiques dramatiques. Là aussi, face à des réponses partielles et trop souvent partiales, la voie utopique a revêtu un foisonnement d'actions humanitaires initiées par les associations, certaines soutenues par les services de l'État, d'autres hélas entravées par les forces de l'ordre…

La plus belle des utopies ne serait-elle pourtant pas de tendre la main et de lutter contre toutes les idées fausses sur les migrant(e)s, mais aussi sur les personnes atteintes par toutes les formes de précarités, trop souvent désignées comme responsables de leurs difficultés ?

Non, les personnes précaires n'ont pas pour objectif de consommer des aides, et bien les traiter ne saurait en aucun cas constituer un appel d'air. Bien au contraire, l'utopie, c'est de leur assurer une prise en charge *via* un accompagnement social, de leur donner des conditions de vie dignes, de valoriser leurs parcours et savoir-faire, bref de leur reconnaître une position d'acteurs citoyens facilitant leur insertion.

Face à une réalité glaçante quant à l'aggravation de la précarité et la stigmatisation des personnes qui en sont de plus en plus victimes, faisons ensemble l'utopie d'une véritable mobilisation.

V

Valeur

▪ Guénaëlle GAULT
Directrice générale de l'Observatoire société et consommation

Le mot « valeur » renvoie à la mesure de l'importance, de l'estime ou de l'utilité que l'on accorde à une chose, un concept ou une personne. Les valeurs participent dès lors à guider nos choix et nos actions dans tous les grands domaines de notre vie : depuis notre façon de former notre famille, notre conception de l'éducation, la place et l'importance que l'on accorde au travail, à la consommation, aux loisirs, à la nature, jusqu'à nos modalités de sociabilité et formes de participation à la vie politique.

Si, aujourd'hui, notre société connaît de profondes et rapides mutations dans chacun de ces champs, il en est une qui touche précisément à l'évolution des systèmes de valeurs et participe donc de toutes les autres. Il s'agit du développement de ce que l'on appelle l'« individualisation ». Aussi profond que silencieux, ce processus renvoie à la montée en puissance de la figure de l'individu qui s'émancipe progressivement des rôles sociaux et appartenances collectives traditionnelles, des conditionnements par le groupe et les institutions. Ainsi, et plutôt que de se conformer à une morale, une religion, une idéologie et leurs prescriptions, il « bricole » de plus en plus son propre système de valeurs, décide de ce qui est bon pour lui et pour sa vie et donne lui-même sens à ce qu'il est et fait. Pour le dire avec les mots du sociologue Jérôme Grolleau : ce qui « allait de soi » doit désormais « venir de soi ».

Mais l'accélération récente de ce processus a des conséquences ambiguës.

D'un côté, il porte une dynamique centrifuge et vient fragmenter la société telle qu'elle était structurée pendant des décennies. Bouleversant les repères, il secoue les institutions publiques comme privées qui organisaient jusqu'ici le lien social, dispensaient de façon très verticale grands récits et prescriptions mais aussi reconnaissances et protections, et qui peinent désormais à comprendre et s'adapter à cette « société d'individus » qui leur échappent.

D'un autre côté cependant, l'individualisation porte aussi une dynamique de nature émancipatrice. Chacun ou chacune demande à être considéré(e) et reconnu(e) dans sa singularité en même temps qu'il ou elle exprime le souhait de davantage de responsabilités et de volonté de « prendre sa part », avec la conviction que l'on peut et doit agir individuellement. Ce faisant, de façon parfois contre-intuitive si l'on en juge à ce qui est le plus souvent médiatisé, ce sont bien les valeurs d'ouverture, de tolérance et de respect des autres qui, structurellement, s'affirment à travers ces aspirations. Les enquêtes longitudinales en font état qui témoignent aussi d'attentes extrêmement fortes en matière de responsabilité individuelle mais également de solidarité et de justice sociale, invitant à – décidément – dépasser les oppositions classiques.

Dans ce contexte, confondre individualisation et individualisme, comme on le voit souvent, se révèle donc impropre à qui veut comprendre ce qui anime mais aussi « travaille » aujourd'hui la société française dans son rapport aux valeurs. Pour reprendre les mots du politiste Pierre Bréchon : « chacun son choix » n'est pas « chacun pour soi ». Bien au contraire, l'individualisation invite à repenser la formation du lien social – ni assignation, ni indépendance solipsiste – dans des interdépendances renouvelées permettant à chacun de se réaliser et s'épanouir comme il l'entend. La possibilité d'un nouvel humanisme en somme. De quoi, aussi, renforcer et réinventer la philanthropie.

Z

Zakat

■ Ghaleb Bencheikh
Président de la Fondation de l'islam de France

Le troisième pilier et pivot central de la pratique cultuelle islamique[1] est l'aumône, qualifiée parfois de « légale ». Curieuse épithète pour un acte charitable qui doit être spontané et, par conséquent, laissé à l'élan de générosité des croyants ! Mais il se trouve qu'effectivement l'aumône est une prescription fondamentale rendue obligatoire par de nombreuses prescriptions coraniques. Elle relève de la loi de Dieu et est essentiellement orientée vers le divin, même si elle est concrètement destinée à l'homme ici-bas et prend donc un visage humain.

L'aumône est nommée tantôt *zakat*, tantôt *sadaqa*. L'une convoque des notions de purification, d'accroissement, de caution et même d'arôme assainissant, voire d'agréables effluves ; l'autre exprime l'idée de sincérité et de véridicité. C'est dire l'importance que revêt dans la vie religieuse des croyants l'acquittement de l'aumône. Elle est en partie liée avec la foi et va de pair avec la piété. L'aumône et la prière sont constamment liées dans l'enseignement coranique :

1. Les cinq piliers de l'islam sont la profession de foi, la prière, l'aumône, le jeûne et le pèlerinage.

> « Soyez assidus à la prière, faites l'aumône, vous retrouverez auprès de Dieu le bien que vous aurez acquis à l'avance, pour vous-même. »
> Sourate 2, « La vache », verset 110.

La *zakat* renvoie, sur le plan matériel, à la nudité primordiale de l'homme qui vient nu dans ce monde et repart de ce monde dépouillé. En effet, la vie est très étrange, l'être humain naît démuni de tout et aborde la vie avec rien. Ensuite, il fait tout pour avoir tout. Enfin, il laisse tout et quitte ce monde avec rien. D'un point de vue spirituel, le croyant aura beau courir après les richesses, amasser des biens, thésauriser des fortunes, capitaliser des avoirs, il ne fera que gérer au mieux ce qui ne lui appartient pas *in fine*. Il ne jouit que de l'usufruit de ce qui est à Dieu. Autant, alors, en donner à ceux qui sont dans le besoin. C'est un droit divin qui leur est accordé. Dans une optique d'équipartition des richesses, les pauvres recevront ce qui leur est dû de la part de leur Seigneur par l'intermédiaire du croyant aisé qui, riche et prospère, est éprouvé par la fortune ! Ce dernier doit assumer ses responsabilités dans la cité et contribuer à alléger la souffrance de ses semblables, quels qu'ils soient.

> « Et dans leurs biens il y a un droit au mendiant et au déshérité. »
> Sourate 51, « Celles qui dispersent », verset 19.

Le devoir d'aumône doit être accompli en toute humilité et dans la discrétion la plus totale. En effet, il n'y a surtout pas à embarrasser le nécessiteux récipiendaire de la *zakat*, ni à en faire état.

Ceux qui dépensent leurs biens dans la voie de Dieu, sans le ressasser, ni en faire grief par la suite, auront leur rétribution auprès de leur Seigneur. Nulle crainte pour eux et ils ne seront point affligés.

« Une parole agréable ou un pardon valent mieux qu'une aumône suivie d'une vexation. Et Dieu est riche et magnanime. »
Sourate 2, « La vache », versets 262-263.

S'acquitter de l'aumône revient, en vérité, à purifier l'âme de la cupidité infâme et à l'assainir du vice de l'avarice afin de recevoir les bénédictions divines :

« Bienheureux les croyants,
Ceux qui sont humbles dans leur prière,
Qui se détournent des futilités,
Qui s'acquittent de l'aumône. »
Sourate 23, « Les croyants », versets 1-4.

Les organisations représentatives du secteur philanthropique

Admical

Association reconnue d'utilité publique créée en 1979, Admical porte la cause du mécénat d'entreprise, délivre des compétences pour professionnaliser les acteurs du secteur et anime une communauté de deux cents entreprises et porteurs de projets. Admical considère que le mécénat d'entreprise est un levier d'engagement sociétal à impact majeur sur les territoires pour contribuer à l'évolution de notre société vers des modèles inclusifs, durables et inspirants. Admical facilite et accélère le passage à l'action des acteurs, analyse les pratiques afin d'imaginer et expérimenter le mécénat de demain et valorise un mécénat éthique et à impact.
www.admical.org

Association française des fundraisers

Depuis 1991, l'Association française des fundraisers (AFF) est le réseau des professionnels du *fundraising* et du mécénat au service de l'intérêt général. L'AFF s'engage aux côtés des

fundraisers dans toute la France pour construire ensemble les meilleures pratiques du *fundraising* d'aujourd'hui et de demain. À la fois lieu d'échanges entre pairs, organisme de formation certifiant et centre de ressources, l'AFF met l'éthique au cœur de sa mission et contribue à promouvoir les spécificités des métiers du *fundraising*.
www.fundraisers.fr

Centre français des fonds et fondations

Depuis 2002, le Centre français des fonds et fondations (CFF) rassemble la communauté des fondations et fonds de dotation français et promeut les valeurs et les actions de ces structures, notamment auprès des pouvoirs publics. Par l'échange, la collaboration, le partage et la diffusion de bonnes pratiques, il œuvre en faveur de l'éthique et de la transparence du secteur. Ses membres agissent ensemble pour optimiser leurs pratiques et renforcer leurs moyens et compétences. Avec plus de cinq cent cinquante membres, le CFF a vocation à regrouper toutes les fondations et fonds de dotation, sans distinction de statut, de mode opératoire, de moyens ou d'objet. Il publie le Répertoire des fondations et fonds de dotation.
www.centre-francais-fondations.org

Le Don en confiance

Le Don en confiance, organisme à but non lucratif, a été créé en 1989 par de grandes associations et fondations sociales et humanitaires avec la volonté de préserver et de développer une relation de confiance avec leurs donateurs. Son action se fonde sur l'élaboration de règles de déontologie contenues dans sa charte, l'octroi du label Don en

confiance aux organisations d'intérêt général, toutes causes confondues, et le contrôle continu et indépendant des engagements auxquels elles souscrivent. À ce jour, Le Don en confiance rassemble près de cent organisations labellisées suivies par cent vingt contrôleurs bénévoles experts.
www.donenconfiance.org

Les Entreprises pour la Cité

Fondée en 1986 par Claude Bébéar, Les Entreprises pour la Cité est une association qui mobilise et inspire les entreprises. Leurs équipes organisent la réflexion et accompagnent l'action d'un collectif d'entreprises de la conception à la mise en œuvre effective de leur stratégie RSE autour de trois domaines d'expertise, axés sur l'innovation sociale : l'éducation et l'inclusion numériques ; l'emploi et la diversité en entreprise ; le mécénat et les investissements citoyens.
www.reseau-lepc.fr

France générosités

France générosités est un syndicat professionnel de plus de 140 organisations faisant appel à la générosité du public. Œuvrant dans tous les champs de l'intérêt général, ses membres représentent aujourd'hui 7,8 milliards d'euros de ressources annuelles, dont 2,8 milliards de financement par la générosité du public, 393 000 bénévoles et 87 000 salariés. Au quotidien, France générosités défend les droits et les intérêts du secteur de la générosité auprès des pouvoirs publics, accompagne ses membres et développe les générosités en France.
www.francegenerosites.org et www.infodon.fr

IDAF – Institut des dirigeants d'associations et fondations

L'IDAF est un réseau professionnel dynamique. Communauté influente et positive, il fédère les dirigeants élus et salariés de plus de deux cents associations, fondations et fonds de dotation œuvrant dans l'intérêt général. Sa mission : contribuer au développement et à la montée en compétences du secteur non lucratif à travers l'appui pragmatique qu'il offre. L'IDAF organise des rencontres entre pairs (DG, DAF, DRH, Dircom) pour favoriser les échanges et faire émerger des réflexions communes : matinales, ateliers, conférences et débats avec experts, discussions, visites, mises en relation…

www.idaf-asso.fr

Institut IDEAS

L'Institut IDEAS accompagne les organismes sans but lucratif pour renforcer leur capacité d'action, en s'appuyant sur de bonnes pratiques en gouvernance, gestion, pilotage et évaluation. Un objectif : soutenir ceux qui agissent pour l'intérêt général. Différentes solutions sont proposées par l'Institut IDEAS dont l'accompagnement jusqu'au label IDEAS. Ce label est un vecteur de confiance pour encourager le soutien des donateurs, mécènes et partenaires. Plus de quatre-vingt-dix organismes ont obtenu le label IDEAS depuis sa création en 2010.

www.ideas.asso.fr

Le Mouvement associatif

Le Mouvement associatif représente plus d'une association sur deux en France. Par le biais de ses membres, il couvre l'essentiel des champs dans lesquels agissent les associations

(sport, culture, jeunesse, éducation populaire, solidarité internationale, sanitaire, social, environnement...) et représente ainsi la diversité associative. Convaincu de la contribution associative à une société plus juste et plus durable, Le Mouvement associatif œuvre pour le renforcement des dynamiques interassociatives et pour favoriser le développement d'une politique de vie associative à la hauteur des enjeux.
www.lemouvementassociatif.org

Un esprit de famille

Un esprit de famille est la seule association en France qui rassemble les structures philanthropiques (fonds, fondations ou associations), créées par des personnes physiques ou par des familles. Fondée en 2012, l'association permet à ses membres d'optimiser leurs pratiques, de renforcer leurs moyens et compétences pour soutenir des projets ou associations et d'encourager le développement de la philanthropie privée par le témoignage et le soutien. Elle porte ainsi leur volonté de contribuer à l'intérêt général, en collaboration avec les pouvoirs publics.
www.unespritdefamille.org/

Les organisations qui produisent des connaissances sur la philanthropie en France

Chaire « Philanthropie », ESSEC Business School

La chaire « Philanthropie » de l'ESSEC a pour objectifs de comprendre la philanthropie et de renforcer son impact social. Définie comme l'ensemble des financements privés pour l'intérêt général, la philanthropie comprend les donateurs individuels, les entreprises mécènes, les fondations et toute autre forme organisée de don. La chaire s'intéresse également aux nouveaux outils de financement de l'innovation sociale, tels que l'investissement à impact. À travers la recherche académique, la formation et la dissémination, elle combine rigueur académique et pertinence pour les praticiens afin de produire et de diffuser des connaissances nouvelles sur la philanthropie, principalement en France et en Europe.

http://chaire-philanthropie.essec.edu

La Fonda

Réunissant des personnes et des organisations, La Fonda défend la liberté et le développement de la vie associative comme essentiels à la vitalité de la démocratie et à la construction d'une société solidaire, juste et durable. Pour qu'ils jouent pleinement leur rôle, La Fonda éclaire les responsables associatifs et leurs partenaires dans leurs réflexions prospectives et stratégiques et outille leurs coopérations d'intérêt général.

http://fonda.asso.fr

Institut français du Monde associatif

L'Institut français du Monde associatif a pour ambitions de faire reconnaître le plus largement possible la contribution des associations à la société et à la démocratie et de répondre aux besoins de connaissance exprimés par le monde associatif. Trois missions déclinent ces ambitions : inciter la recherche et l'orienter sur des sujets d'intérêt, rassembler et diffuser les résultats de la recherche et les ressources de connaissance auprès du secteur, et structurer un réseau de connaissance sur le fait associatif.

http://institutfrancaisdumondeassociatif.org

Observatoire de la philanthropie – Fondation de France

L'Observatoire de la philanthropie contribue au rayonnement et au développement de la connaissance sur le secteur philanthropique en France et en Europe. Créées en 1997 par la Fondation de France, ses études apportent une meilleure compréhension du secteur ainsi que des grandes problématiques sociales sur lesquelles il agit. L'observatoire produit deux types d'études. D'une part, des études sur

l'action des fondations et fonds de dotation en faveur de l'intérêt général, leurs stratégies et leur fonctionnement. D'autre part, des études sur les grands enjeux sociaux dans lesquels les fondations et la société civile s'inscrivent et sur lesquels elles interviennent.
www.fondationdefrance.org/fr/observatoire-de-la-philanthropie

Philanthropy & Social Sciences Program (PSSP)

PSSP est un programme de recherche sur la philanthropie en sciences sociales. Pluridisciplinaire et international, il a vocation à structurer, développer et diffuser la connaissance sur la philanthropie, et notamment ses liens avec l'État. Il a trois objectifs principaux : structurer le champ et faire connaître les travaux français récents à l'international, contribuer au développement de la recherche empirique sur la philanthropie et participer à la diffusion de ces recherches auprès des acteurs du secteur et dans l'espace public.
http://pssp-lab.org

Le Rameau

Laboratoire d'innovations partenariales, Le Rameau est à la fois un observatoire pour qualifier les enjeux et pratiques des démarches partenariales, un centre d'expérimentations pour faire émerger de nouveaux modèles et un lieu de réflexions prospectives afin de déployer des solutions innovantes pour réduire les fragilités et inventer de nouveaux moteurs économiques durables. Il a pour vocation d'éclairer les décideurs sur les dynamiques de coconstruction et d'aider les acteurs publics et privés à se saisir de l'opportunité de ces nouvelles alliances. L'objectif est de (ré)concilier économie

et intérêt général autour de trois missions : éclairer, innover et transmettre.
www.lerameau.fr

Recherches & Solidarités

Recherches & Solidarités a pour objet de mieux connaître et de mieux faire connaître en France toutes les formes de solidarités, au bénéfice des personnes concernées et au service des acteurs et des décideurs, notamment du secteur associatif. Sont concernées les solidarités individuelles et citoyennes, exprimées par les différentes formes de dons (don de temps, don d'argent, don de sang, don d'organes, différents dons de soi, etc.) et les solidarités collectives, notamment celles qui se développent au sein des associations et fondations.
www.recherches-solidarites.org

***Think tank* de la philanthropie – Institut Pasteur**

Ce cercle de réflexion reflète la volonté de l'Institut Pasteur d'aller plus loin dans sa démarche de soutien aux questions de philanthropie en France, comme à l'international. Il a vocation à sensibiliser les philanthropes, prescripteurs et acteurs de la philanthropie aux innovations de ce secteur en constante évolution. Le *think tank* rend régulièrement des avis apportant un éclairage de haut niveau sur des problématiques d'actualité notamment liées à la gestion de patrimoine, au notariat, à la fiscalité… afin d'ouvrir le débat en faisant progresser la connaissance. Il facilite également la publication de tribunes dans la presse pour interpeller plus largement sur les problématiques des acteurs de la philanthropie.
http://philanthropie.pasteur.fr/le-think-tank/presentation

Index des mots

Index des auteurs

Cet ouvrage a été composé
en Adobe Garamond Pro
par Nord Compo
à Villeneuve-d'Ascq (Nord).

N° d'édition : 4150-0885-X – N° d'impression : N25137230210
Dépôt légal : avril 2024
Achevé d'imprimer en avril 2024 par Sepec Numérique

Imprimé en France

PEFC 10-31-3532